U0861462

中国名村志文化工程
Culture Project of Local Records of China's Famous Villages

庙宫村志

LOCAL RECORDS OF MIAOGONG

河北省围场满族蒙古族自治县四道沟乡庙宫村志编纂委员会　编

方志出版社
Publishing House of Local Records

图书在版编目（CIP）数据

庙宫村志 / 河北省围场满族蒙古族自治县四道沟乡庙宫村志编纂委员会编．— 北京：方志出版社，2017.12

（中国名村志丛书）

ISBN 978-7-5144-2788-2

Ⅰ．①庙…　Ⅱ．①河…　Ⅲ．①村史—围场满族蒙古族自治县　Ⅳ．① K292.25

中国版本图书馆 CIP 数据核字（2017）第 305397 号

·中国名村志丛书·

庙宫村志

编　　者：河北省围场满族蒙古族自治县四道沟乡庙宫村志编纂委员会
责任编辑：章　瑾

出 版 人：冀祥德
出 版 者：方志出版社
地址　北京市朝阳区潘家园东里 9 号（国家方志馆 4 层）
邮编　100021
网址　http://www.fzph.org
发　　行：方志出版社图书经销中心
电话　（010）67110500
经　　销：各地新华书店
排　　版：北京纺印图文设计制作有限公司
印　　刷：北京中科印刷有限公司

开　　本：787 × 1092　1/16
印　　张：12.75
字　　数：237 千字
版　　次：2017 年 12 月第 1 版　2017 年 12 月第 1 次印刷

ISBN 978-7-5144-2788-2　**定价**：101.00 元

·版权所有　翻印必究·

◉ 序一

连绵不断地编修地方志是中国独有的优秀文化传统，承担着赓续文明、传承文化的重任。保存至今的 8000 余种、10 万余卷历代方志，蕴含着传统文化基因和海量文化信息，既是中华优秀传统文化的重要组成部分，又是传承、彰显中华优秀传统文化的重要载体。

在各种类型的地方志编纂中，村志编纂古已有之，但从未进入国家层面的地方志编纂序列。新中国成立以来，党中央、国务院高度重视包括村志编纂在内的地方志工作，出台了重要文件。中央领导发表了重要讲话、作出了重要批示。习近平总书记高度重视包括村志编纂在内的地方志工作。2004 年 10 月，他在担任浙江省委书记时到江山市凤林镇白沙村考察，看到村民编纂的《白沙村志》，鼓励村民把村志继续编纂下去。2014 年 4 月，刘延东副总理在与第五次全国地方志工作会议部分会议代表座谈时指出："要结合发展的新形势，加强对地方志包括部门志、行业志、专题志、乡镇村志编纂的业务指导和服务。"2015 年 8 月，国务院办公厅印发的《全国地方志事业发展规划纲要（2015—2020 年）》，正式将中国名村志文化工程列为主要任务之一。2017 年 5 月，中共中央办公厅、国务院办公厅印发的《国家"十三五"时期文化发展改革规划纲要》指出："完成省、市、县三级地方志书出版工作。开展旧志整理和部分有条件的镇志、村志编纂。"可以说，村志编纂迎来了历史上的最好时期。

农业、农村、农民"三农"问题，是数千年来影响中国社会发展最核心的问题。中共中央高度重视"三农"工作，从 2004 年起，连续 13 年，每年的中央 1 号文件都聚焦"三农"。中共十九大报告更是提出"农业农村农民问题是关系国计民生的根本性问题，必须始终把解决好'三农'问题作为全党工作重中之重"，特别是提出了"乡村振兴战略"，这是中国共产党在中国特色社会主义进入新时代后，对农村发展问题所做出的准确把握和与时俱进的战略应对，是建设中国特色社会主义强国战略的重要组成部分。改革开放近40年来，在党中央、国务院高度重视社会主义新农村建设的新形势下，各地涌现出一大批历史文化名村、经济强村、新农村建设示范（试点）村、美丽乡村和特色村，成为先进生产力和先进文化的代表。客观记录中国农村全面建成小康社会的进程，向后人展示在中国共产党领导下农村千年未有的巨变，是地方志工作者肩负的光荣而重大的历史使命。编纂中国名村志丛书，是记载当代中国农村发展变革的重要途径。

文化寻根，寻的是其发展的源头和根基。村落是中国传统文化的根基所在。农村的生产生活方式、社会规范、宗族文化、宗教文化、民风习俗、传统节日、民间艺术等，无不镌刻着中国人独特的民族性格，这就是家国情怀、文脉绵延、精神归属。在快速城镇化进程的冲击和开发性破坏下，大量传统村落面临消亡的危机，村落蕴含的历史文化信息也流失殆尽，抢救性保护刻不容缓。编纂中国名村志丛书，是保存村落历史文化信息，抢救、保护村落文化最好的方式。

一方水土养一方人。家乡的山水草木、村间小巷、乡俗民情会在每个人心头留下深刻的烙印，这就是故土情结。而村落的形成与发展离不开人的活动。编纂中国名村志丛书，通过记述村落建筑、名门望族来追溯村落的历史；通过记述村落规模、布局、人口、物产等反映人口来源、宗族兴衰、生活习惯、文化背景、宗教信仰、经济发展等，体现环境与人相互影响、相互作用、相互发展的既矛盾又统一的关系；通过记述戏剧、音乐、舞蹈、美术、文学、手工技艺等文化形式，展示百姓在长期的生产生活实践中摸索和总结出的智慧结晶，强化人们沟通感情的纽带。编纂中国名村志丛书，是传承乡俗、诉说乡音、记住乡愁、纾解乡思，激活历史传统、唤起共同文化记忆、塑造共同心灵认同的重要文化工程。

中国名村志文化工程以践行文化自信、传承中华文脉、彰显时代发展为己任，以打造全国地方志系统的重要品牌为目标，在体裁运用、篇目设置、资料选择等方面进行大量的创新，突出“名”和“特”，拣选各个名村中最值得记述、最具有代表性的人、事、物，予以浓墨重彩的描画，从而形成系列的、高质量的、可读性强、雅俗共赏的地方志读本，让地方志紧接地气、贴近百姓，让地方志成果进入寻常百姓家，让人民群众共享地方志成果，让越来越多的人从地方志中感知传统、历史和记忆，成为传统村落和传统文化的守护者，成为中华优秀文化的传承者。

是为序。

中国社会科学院院长
中国地方志指导小组组长 王伟光
2017年11月

◉ 序二

习近平总书记指出："让居民望得见山，看得见水，记得住乡愁。"这句富有诗意的重要论述不仅唤醒了中国人城镇化建设过程中对于人和自然关系、人和历史关系的思考，同时也引发了学界对"乡愁"进一步进行文化意义解读的兴趣。从本质上看，乡愁是一种源自主体体验的情感，隐含了一种人们带着乡愁追寻自我生存与生命意义、追寻诗意栖居的精神家园的美学思辨。同时，这种追寻自我生存的主体逐渐转向大众群体，乡愁也由传统单一的"文化乡愁""爱国情怀"演变为对于"理想家园"的精神追求。

中国有近 60 万个村庄，约有 5000 个古村落，被住房城乡建设部和国家文物局界定的传统村落就有 1561 个。随着中国城镇化步伐的加快，乡村的版图日渐凋敝，大批农村青壮年劳动力走进城镇，融入了新的生活。然而，每逢传统佳节，那种挥之不去的离愁别绪挟裹着亿万农民工，又融入了返乡的滚滚洪流。这是乡愁的情愫牵动着他们，是故乡的山、故乡的水、故乡的老屋、故乡的小吃在牵动着他们，是故乡家家户户的楹联和口口相传的故事，以及只有在隆重的传统佳节才有的古老的民风习俗在牵动着他们。

文化可以体现一个民族、一个国家、一个社会的重量与体温，这是文化的力量之所在，而村落是传统中国的根脉所系，乡土社会是最能够体现中国传统文化特征的地方。梁漱溟曾指出："中国文化是以乡村为本，以乡村为重，所以中国文化的根就是乡村。"我曾在《建设社会主义新农村的理论与实践》一书中指出，在新农村建设的过程中，必须"保护和发展有地方和民族特色的优秀传统文化，创新农村文化生活的载体和手段，满足农民群众多层次、多方面的精神文化需求"，而编纂村志尤其是实施中国名村志文化工程就是一个重要举措。实施中国名村志文化工程，编纂中国名村志丛书，以最基层的村落为研究对象，寻根传统村落的历史，梳理村落的发展脉络，以唤起人们的归属感和认同感，探索新型城镇化和社会主义新农村建设过程中，如何留住乡音、乡风、乡思，继承传统文化精华，挖掘丰富历史智慧，是贯彻落实中央城镇化工作会议精神和中共十九大提出的“乡村振兴战略”的重要举措，是当前和今后一个时期全国地方志工作者的重要工作。

虽然村落文化正在日益远离当下生活，但我们可以抓住诸如基本村情、文物胜迹、古村保护、特色文化、旅游名胜、村域经济、风土民情、村民生活、新农村建设、艺文杂记、名人与名村等关键内容，通过志书的手法来诠释乡村文化的精华。我们如实记录着村落里的人和事，以及青山绿水、小河大树、袅袅炊烟，力争以最完整、最原真的方式呈现村落的前世今生。我们要为“迷失”的人留住乡村文化的根脉，让人们难以割舍的乡愁得以慰藉和释放。

中国名村志文化工程将触角伸向那些极具代表性的村落，它们有的历史悠久、名人辈出，有的经济腾飞、重获新生，有的风景秀丽、景观独特，有的地处边陲、神秘莫测……我们挖掘中国不同类型村落的发展之路，为探索新型城镇化和社会主义新农村建设的发展经验、发展模式、前进道路提供历史智慧和现实借鉴。因此，打造以重在表现乡村嬗变为主旨的中国名村志丛书十分必要和迫切，这是一项功在当代、利在千秋的文化工程。

近年来，随着中国经济社会的发展和国际地位的提高，越来越多的人想要认识中国、了解中国、研究中国。在这样的形势下，乡村是不可或缺的一环，我们要集中讲好发生在乡村的故事，向世界呈现一个多元的、立体的中国。乡村历经岁月变迁的风雨，见证着改革开放的步伐，寄托着数代中国人的情感。发生在乡村的故事无疑是血肉丰满的、震撼人心的、引起共鸣的。我们应该有这个自信能够讲好乡村故事，讲好中国故事，描绘出中国的底色，“让每一个中国人都能在地方志中找到自己的位置”。

可喜的是，越来越多的有识之士认识到了这一点，加入到保护、传承、发展村落文化的队伍中来。仅就编纂中国名村志丛书来看，第一批的申报范围就涵盖包括香港特别行政区在内的 32 个地区，申报数量高达 70 余部。“直笔著信史，彰善引风气，为当代提供资政辅治之参考，为后世留下堪存堪鉴之记述”，这是我们的初心和使命。希望中国名村志文化工程的实施，能够带动更多的人关注中国乡村文化，为社会主义文化强国建设作出更大的贡献。也希望越来越多的名村都来融入继承中华文化传统、颂扬中华传统文化的活动中，让正能量更多地润泽温暖人们的心灵，让更多的人“记得住乡愁”！

是为序。

中国社会科学院副院长
中国地方志指导小组常务副组长　李培林
2017 年 11 月

◉ 中国名村志文化工程专家委员会

名誉主任　徐匡迪

主　　任　王伟光

常务副主任　李培林

委　　员（按姓氏笔画排序）

毛其智　叶裕民　李　铁　李善同　杨保军　柳　拯

倪鹏飞　魏后凯

◉ 中国名村志文化工程学术委员会

主　　任　李培林

常务副主任　冀祥德

副 主 任　刘玉宏　邱新立

委　　员（按姓氏笔画排序）

于伟平　王　晖　王铁鹏　巴兆祥　田　嘉　苏炎灶

李　江　李孝聪　张大伟　张英聘　陈泽泓　陈　强

◉ 中国名村志丛书编纂委员会

主　　任 李培林

常务副主任 冀祥德

副 主 任 刘玉宏　邱新立

成　　员（按姓氏笔画排序）

马小彬　毛志华　田　洪　任玉华

刘成典　刘爱军　关树锋　贠有强

李云鹤　李秋洪　杨洪进　吴凤端

何喜清　汪德军　张军利　张志仁

陈华康　陈　玲　陈秋平　易介南

胡满达　洪民荣　姚　红　秦向东

袁建勋　高　煜　梅　宏　鄢钢城

管仁富　廖运建　漆冠山　潘捷军

◉ 中国名村志丛书编纂委员会办公室

主　任 冀祥德

副主任 邱新立

成　员 于伟平　杨海峰　陈　旭　李　江

王丹林　安　山　刘思鸣　丛　珺

宁　芳　张　睿

◉ 河北省围场满族蒙古族自治县四道沟乡庙宫村志编纂委员会

第一届

主　任　于立波　张　龙

副主任　刘利杰　王锡民

委　员　宋国锋　王　虎　何淑华

第二届

主　任　刘敬新　张　龙

副主任　刘利杰　王锡民

委　员　宋国锋　黄建超　王　虎　何淑华

◉ 河北省围场满族蒙古族自治县四道沟乡庙宫村志编辑部

主　　编　孙兆岭

执行主编　刘利杰

编　　辑　宋国锋　李艳秋　黄建超　王锡民　王　虎
　　　　　何淑华　郑　蕊

摄　　影　侯延广　孙兆岭　刘利杰　王　虎　李艳军
　　　　　宁利勇　尹志杰　刘晓敏　于洪飞

庙宫村俯瞰（2015 年）　　刘晓敏　摄

◉ 中国名村志丛书凡例

一、以马克思列宁主义、毛泽东思想、邓小平理论、“三个代表”重要思想、科学发展观、习近平新时代中国特色社会主义思想为指导，坚持辩证唯物主义和历史唯物主义的立场、观点和方法，存真求实，全面、客观、系统记述我国村落发展变化进程和改革开放成果，传承和抢救乡土历史文化，激发爱国爱乡情怀，为探索中国特色新型城镇化建设、社会主义新农村建设的发展经验、发展模式、前进道路提供历史智慧和现实借鉴。

二、为全面反映入志事物发展脉络，各志上限尽量追溯至事物发端；下限一般断至各村志启动编修年份，个别重大事项可延至搁笔。

三、记述地域范围以下限年份的行政辖区为主。为体现名村在更大区域内的意义，可以从更开阔的区域视野记述与该村相关的内容。

四、统一采用纲目体，设类目、分目、条目三个层次。横排门类，纵述史实。除《中国名村志丛书基本篇目》要求的必设类目外，其余类目根据各村实际，依照突出时代特色、地方特色的原则自行安排。

五、综合运用述、记、志、传、图、表、录等各种体裁，以志体为主。

六、除引用文字和附录文献资料外，统一使用规范汉字及现代语体文记述体。记事坚持秉笔直书、述而不作，只记事实，不作评论，寓观点于材料之中。行文力求朴实、严谨、简洁、流畅、优美，具有较强可读性。

七、人物部类遵循“生不立传”原则，人物传主按生年排序，只选录对本村发展有重大影响的人物，不面面俱到。

八、所需数据一般采用政府统计部门数据，无政府统计部门数据时选用主管部门正式提供的数据。

九、数字用法、标点符号、计量单位分别执行国家标准《出版物上数字用法》（GB/T 15835—2011）、《标点符号用法》（GB/T 15834—2011）、《国际单位制及其应用》（GB 3100—1993）和《有关量、单位、符号的一般原则》（GB 3101—1993）。历史上使用的计量单位，如斗、石、里、尺、磅、华氏度等，在引文时可照录。考虑到社会使用习惯，全书中亩不统一换算，1 公顷＝ 15 亩。

十、自中华民国成立后的纪年，均使用公元纪年。志中所称“解放前（后）”，以当地解放日为界；“新中国成立前（后）”，以中华人民共和国成立日 1949 年 10 月 1 日为界；“改革开放前（后）”，以中共十一届三中全会召开的 1978 年 12 月为界。本志“×× 年代”，凡未加世纪者，均指 20 世纪的年代。

十一、为节省篇幅，避免重复，本志采用条目互见法。参见条目的表示形式为：参见本志“×× 类目·×× 分目·×× 条目”。

十二、对旧志、古籍中的繁体字、冷僻字一般用简化字或通用字替换，易引起误解的则保留。

十三、记述各个历史时期的党派、机构、职务、地名等，均以当时的名称为准。对频繁使用的名称，首次用全称，其后用简称。

十四、各村志需要单独说明的事项，均在各自编纂始末中记述。

庙宫村在中国的位置

庙宫村
围场
黑龙江省
哈尔滨
吉林省
长春
沈阳
辽宁省
内蒙古自治区
呼和浩特
河北省
北京
北京市
天津
天津市
石家庄
山西省
太原
济南
山东省
渤海
黄海
东海
新疆维吾尔自治区
乌鲁木齐
甘肃省
银川
宁夏回族自治区
西宁
青海省
兰州
陕西省
西安
河南省
郑州
江苏省
南京
安徽省
合肥
上海
上海市
西藏自治区
拉萨
四川省
成都
重庆市
重庆
湖北省
武汉
杭州
浙江省
南昌
江西省
长沙
湖南省
福建省
福州
钓鱼岛
赤尾屿
台北
台湾省
台湾岛
贵阳
贵州省
昆明
云南省
广西壮族自治区
南宁
广东省
广州
香港
澳门
东沙群岛
海口
海南省
海南岛
西沙群岛
永兴岛
中沙群岛
黄岩岛
南沙群岛
曾母暗沙
南海
黄河
长江
图例
北京 首都
天津 省级行政中心
未定 国界
省、自治区、直辖市界
特别行政区界
名村所在县级区域
名村
1：32 000 000
审图号：GS（2017）3697号

庙宫村在河北省的位置

审图号：GS（2017）3697号

庙宫村平面示意图
庙宫水库
庙宫水库管理处
东沟
千亩果品观光园
伊
村委会
东庙宫
伊逊哈巴奇围场庄园
塞北生态园
燕军农家庄园
庙宫火车站
大店
寒地果树观光园
入崖口有作碑
逊
木兰记碑
河
石片村
旅游接待服务中心
图例
村界
京通铁路
承围公路
通村公路

《入崖口有作》诗碑（2017年）　　侯延广　摄

东、西轿顶山（2017年）

东庙宫全景图（2017 年）　　于洪飞　摄

果品封装（2015 年）　　刘利杰　摄

收获（2016 年）　　尹志杰　摄

二贵摔跤表演（2008 年）　　尹志杰　摄

木兰萨满舞（2015 年）　　尹志杰　摄

庙宫水库（2016 年）

御道口草原森林风景区入口（2015 年）　　　　孙兆岭　摄

李艳军　摄

公路与铁路（2015 年）　　王虎　摄

庙宫村

◉ 目录

“东崖口”入崖第一村

庙宫村是河北省承德市围场满族蒙古族自治县四道沟乡的一个小村。在清代，这一带是清代康熙、乾隆、嘉庆三位皇帝进入木兰围场行围肄武的东大门，时称“东崖口”。嘉庆十六年（1811），嘉庆皇帝在此地敕建了“兴安大岭神祠”，又称“东庙宫”，庙宫村由此得名，并因这一独特的宫庙合一建筑而远近闻名。

2005年后，凭借东庙宫等古迹，借助休闲观光农业的发展，庙宫村已成为木兰围场旅游区的一个重要组成部分。

九曲伊逊水，双尖崖口山。又将试秋狝，曾未改峰颜。

“溯源九曲水，扼要两崖山。地限神仙境，天开虎豹关。锦屏围匼匝，琴峡泻潺湲。小猎宜新霁，诸藩喜动颜。”这是乾隆皇帝在《入崖口·丁亥》诗中对“东崖口”景色的描写，这个崖口所处的位置就是如今的河北省承德市围场满族蒙古族自治县四道沟乡的庙宫村。当年，康熙、乾隆、嘉庆三位皇帝带领满蒙八旗军从京城出发北上，经热河（今承德市北）进入木兰围场，举行声势浩大的“木兰秋狝”活动，这里既是入围的第一站，也是木兰围场的七十二围之一的伊逊哈巴奇围，还是入围后举行第一场“甸猎”之地。由此，庙宫村便当仁不让地成为“东崖口”入崖第一村。

庙宫村位于围场满族蒙古族自治县南部，距县城 26 千米，距承德市 130 千米。全村以伊逊河为界，划为 3 个相对独立的自然营子，总面积 10.9 平方千米，人均建筑面积 31.31 平方米，人均住房面积 26.9 平方米。这里是清代皇帝东线进入围场的天然门户，群山环抱，险峰壁立，一水中流，玉带缠腰，龙松接天，苇蒲摇风。从康熙二十年（1681）前后设立木兰围场，到嘉庆皇帝于嘉庆二十二年（1817）最后一次木兰秋狝，130 余年间，这里的一山一水见证了千骑列塞、万幕蔽野、百兽挺走、青骢驰猎的秋狝盛况，更见证了清代帝王通过肄武绥藩，巩固北部边防，团结北方各少数民族，维护多民族国家团结统一的大智大略。从有关文献来看，康熙、乾隆、嘉庆三位皇帝北巡秋狝曾十余次驻跸于此，在今庙宫水库上游两山之间的平甸举行“甸猎”50余次。同时，还多次在此地宴请外藩蒙古王公、处理政务。

历史的烟云已悄然散去，但这段历史却为庙宫村留存了国内独特的宫庙合一皇家古建筑东庙宫、《入崖口有作》诗碑和《木兰记》碑；留下了清代帝王和文臣行围咏志的诗篇百余首。这些清代皇家“木兰秋狝”文化的历史遗存，对研究清代皇家围猎以及政治、军事、民族宗教、文化等具有重要的学术价值，也为庙宫村乃至全县、全市、全省留下了不可多得的宝贵的旅游财富，成为庙宫村文化、经济发展中的重要引擎。

庙宫村建村年代并不久远，在清同治元年（1862）放垦围荒之前，这一带只有驻防的满蒙八旗官兵及其家属。从此时算起，庙宫村建村距今也不过150余年。

庙宫村的自然生态在一定程度上得益于“木兰秋狝”期间的保护，加之新中国成立后的持续建设，使其水草丰美、风景秀丽。随着社会的变迁与历史发展，这里满蒙八旗的后裔在住宅、衣着等外在民族文化特征已不再显著，但传统民俗文化则通过庙会、八大碗、二八席、蒸年糕等形式仍世代传承。

庙宫村村民世代以农业种植为生。新中国成立以前，由于耕地少、自然灾害多，这里的村民饱受饥寒。尤其在20世纪30年代至40年代，纯朴善良的庙宫村村民不但经历了多年的匪患，更尝尽了日伪政府“集家并村”带来的苦难。

新中国成立后，庙宫村村民分得了土地和牲畜，生活日渐好转。在党和政府的领导下，他们积极追求幸福的生活，在传统种植业中不断尝试种植新的作物、新的品种，走过了一条从传统粗粮耕作到种植寒地水稻，从玉米制种再到观光农业的发展之路。

在不断调整与变化的过程中，庙宫村的发展道路并不平坦。20世纪60年代初，因为修建庙宫水库，村民无偿奉献了熟悉的家园；60年代末，在修建京通（北京—通辽）铁路时，部分村民再次经历了搬迁；1997—1998年，在修建承围（承德—围场）公路时，又有很多村民经历了迁建。那时，他们并不富裕，有的村民实在没有地方盖房子，只好经过当地政府和有关部门批准，找个山坡挖开一个断面，就着山体盖房子。

改革开放后，庙宫村村民走上了一条全新的发展之路。

依托退耕还林工程，他们充分发挥区位、气候等优势，紧紧抓住四道沟乡打造果品之乡的有利契机，积极退耕还果，打造千亩果品观光园、寒地果树观光采摘园、“开心农场”和红树莓采摘园，成立专业合作社，注册果品商标，培育采摘示范户，使果品生产、销售迅速成为全村经济发展的支柱型产业。种植的金红苹果、香果等果品不但畅销京、津、冀、鲁等省市，还远销越南等国家。春天，果花满山，姹紫嫣红；夏秋时节，红果满枝，果香四溢。这里不但吸引了大批的游客前来观光、采摘，还助推了全村休闲观光旅游业的发展。

庙宫村的旅游业起步于2005年。10年来，依托域内的东庙宫、《木兰记》碑、《入崖口有作》诗碑和庙宫水库国家水利风景区等资源优势，庙宫村积极发展乡村旅游事业，对东庙宫进行修复，先后引进燕军农家庄园、塞北生态园、旅游接待中心、仿古四合院、古崖口漂流、伊逊哈巴奇围场庙宫庄园等建设项目，并与休闲观光农业、果品生产采摘有机结合。借助丰富的历史文化遗存，将神奇优美的自然生态景观、浓郁的满族民俗风情相融合，全力打造独具特色的围场南节点景区。走进庙宫村，可寻觅古迹，研究探讨世界上独一无二的“木兰秋狝”文化；可观光采摘，在观赏优美风景的同时品尝新鲜美味的水果；可漂流，在伊逊河体验全程近两个小时“激、平、峡、环”式漂流，享受激流勇进的快感，观赏崖口沿途的风光。2014年，制定围场满族蒙古族自治县全域旅游发展规划，提出在庙宫村一带打造独具特色的国家AAAA级旅游景区，与塞罕坝国家森林公园、御道口草原森林风景区、围场红松洼国家自然保护区，乃至围场县周边的各个景区连成一体，成为“水的源头、云的故乡、花的世界、林的海洋”。

2010年后，庙宫村紧紧围绕农村新民居建设、农村面貌改造提升行动、中国最美休闲乡村建设和少数民族特色村寨建设，集中开展“五清”（清垃圾、清杂物、清残垣断壁、清庭院、清圈舍）、“四化”（净化、绿化、亮化、美化）、“五改”（改房、改厨、改水、改能、改厕）工作，绘制文化墙，安装路灯，硬化道路，铺设巷道，建设停车场、文化广场和旅游公厕，进一步改造完善全村的水、电、路、通信设施，成立村民中心、农家书屋和文化活动中心，使全村的公共服务功能进一步提升，村庄绿化率达40%，有效地改善村容村貌，村民的生活环境实现质的飞跃。为了实现村容整洁的常态化，庙宫村还结合村情实际，制定村规民约、卫生管理、门前三包、监督保洁等工作制度，购置垃圾车和垃圾箱，设立卫生清洁队，确定卫生保洁员、卫生监督员，完善“日清洁、周检查、月评比”的工作机制，确保村庄环境干净整洁。在村组干部、包片负责人的带动下，全村村民自觉加入维护环境卫生的队伍，保持干净整洁已经成为全村村民的自觉行动。

省级“文明村”奖牌

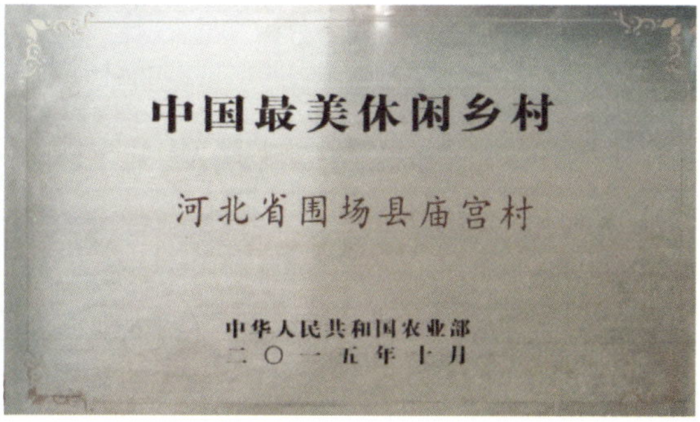

农业部颁发的“中国最美休闲乡村”牌匾

积极组织村民参加市、县举办的文明创建活动，并自行组织开展一系列文明家庭、文明村民评选活动，倡导朴实自然的民风，营造和睦相处、生活和谐的环境。通过成立秧歌队、舞蹈队，开展“双文明示范户”“十星级文明户”“美丽家庭”等评选活动，树立了一批文明美德、幸福家庭、成才能人的典型。2014 年以来，庙宫村先后入选首批“河北省美丽乡村”、河北省“文明村”、河北美丽田园，被农业部评为中国最美休闲乡村，并被河北省民族宗教事务厅确定为重点推进建设的全省少数民族特色村寨之一。

走进这一飘荡着古典气息的村落，清澈的伊逊河水环村而过，平整、干净的路旁绿树成行，布局整齐的村居粉刷一新，散步和健身的村民笑容绽放。生活在庙宫村的人们，正在用自己的生活演绎着社会主义新农村的幸福与美丽。

果花飘香（2016 年）　　刘超　摄

庙宫村情

庙宫村一带是清代木兰围场的重要门户，其东西两侧两山相夹，犹如二龙环抱，腹地为南北走向的伊逊河谷地，为狭长形的冲积平原。庙宫村还是典型的少数民族聚居村，满族、蒙古族人口占全村总人口的80.03%，其民俗在各民族相互影响和相互融合下独具特色。

庙宫村历来以农业经济为主。传统农作物主要有玉米、水稻、小麦、马铃薯等。从2000年起，在农业产业结构的不断调整中，林果业成为该村的农业主导产业。同时，借助木兰围场深厚的历史文化资源和区位优势，旅游业也已成为该村的又一支柱型产业。

庙宫村素称『塞外小江南』。山，花草丰茂，宜林宜果；水，九曲穿村，宜漂宜茶；土，肥沃温润，宜种宜收。

◉ 建置沿革

村名由来　庙宫村属于水库移民村。至1960年庙宫水库建成前，庙宫村村民居住在伊逊河四道河子南岸土山南的一个台地上，俗称“四河台

20世纪70年代在庙宫村的铁道兵营房

子”，是伊逊河的第四道转弯处。其间，先后由第一区人民政府乃积沟村、东风人民公社（四合永区）管理委员会乃积沟生产大队、四合永区大石门乡乃积沟大队管辖，仅有1个居民组。1960年，庙宫水库修建移民后，庙宫村村民大部分居住在三道河东沟，大队部也设在此地，因此取名东沟大队。1961年7月，因村内有清嘉庆十六年（1811）嘉庆皇帝敕建的东庙宫，即敦仁镇远神祠，经有关部门批准，更名为庙宫大队。1984年1月恢复乡、村建制后，庙宫大队改称庙宫村。

历史变迁　清代，今庙宫村一带属木兰围场正蓝旗所辖之地，是清代康熙、乾隆、嘉庆三位皇帝进入木兰围场举行木兰秋狝的东大门，史称“东崖口”，即“伊逊哈巴奇”。从这里进入围场后，皇帝常常要在附近举行“甸猎”，故也称“伊逊哈巴奇围场”，是木兰围场的七十二围之一。当时，这一带只有驻防的满蒙八旗官兵及其家属。

同治元年（1862），朝廷开始放垦围荒，首先开放旧围的镶黄、正白、正蓝、镶白、镶蓝、正红、镶红各旗界。同治二年（1863），主要放垦正蓝旗属地。当时“四河台子”一带开垦土地的地主有王、胡、周3家。其中，王家住于隆化县唐三营，胡家、周家住在承德。最早租地耕种的无地户也只有胡宝生、韩永顺、王通3户，均是从河南省、山东省迁来的外地户，居住于“四河台子”。

1938年实行街村制，“四河台子”一带属大石门村。

1943 年，日伪政府为了隔断村民与抗日军队的联系，强制实行“集家并村”，以“四河台子”为中心，把散居在五道河子、东沟、大店、碑前等地的村民集中在一起，修起了高墙，设置了炮楼，由日伪军强行看管。这时，“四河台子”的村民由原来的 3 户增加到 25 户，共 159 人。1945 年 8 月，围场县划为 10 个区，“四河台子”一带属第一区（腰站区）。1946 年 10 月，国民革命军第十三军侵占围场街，在其军事控制范围内建立 13 个乡镇，“四河台子”一带属四合永区（伊逊区）。1949 年 10 月中华人民共和国成立后，“四河台子”属围场县第一区人民政府管辖。1956 年 7 月，划归围场县大石门乡人民委员会管辖，为乃积沟村的一个居民组。1958 年 8 月，划归围场县东风人民公社（四合永区）管理委员会管辖，为大石门大队一个居民组。1960 年，在修建庙宫水库移民工程中，原居住在“四河台子”的村民迁入东沟和大店，划归四道沟乡管辖，取名为东沟大队。1961 年 7 月，改称庙宫大队。1984 年 1 月恢复乡、村建制后，庙宫大队改称庙宫村。1989 年 6 月，围场县撤销，成立围场满族蒙古族自治县，庙宫村隶属河北省承德市围场满族蒙古族自治县四道沟乡。

村落格局 庙宫村共有居民点 3 个，从平面图形上看，3 个居民点以伊逊河和承围公路为界，分布于界东 2 个、界西 1 个，呈“三足鼎立”之势。其中，界东为东沟居民点和大店居民点，界西为庙宫居民点。

庙宫居民点为全村的中心区，是庙宫村的行政、教育、文化、娱乐中心，村委会、村幼儿园、文化公园及停车场等均设于此处。其北是庙宫水库国家水利风景区，其西是东庙宫，其正南有《入崖口有作》诗碑，西南有《木兰记》碑。

庙宫居民点大体可分为 5 个区域。由通村油路西行过庙宫中桥，首先是横跨油路两侧的旅游餐饮、住宿区，主要是燕军农家庄园和其扩建项目——伊逊哈巴奇围场庙宫庄园。此区的西侧为文化娱乐区，有 3000 平方米的文化广场，村民多在此跳广场舞，扭秧歌。广场南侧，通村油路变为水泥巷道，共有两条分支，一条往南，是主要居民区；一条往西，是妇女之家、村委会和幼儿园所在地，为办公区。村委会的前面是生态观光区，主要为 1500 平方米的停车场和生态园。

根据 2015 年《庙宫景区布局规划》，庙宫村将按照“一环”（环村旅游公路）、“两街”（满族民俗一条街、土特产品一条街）、“两基地”（露营基地、摄影基地）、“三园”（休闲观光园、农事体验园、旅游康养园）的产业发展格局，将庙宫建设成为宜居宜业的和谐新村。

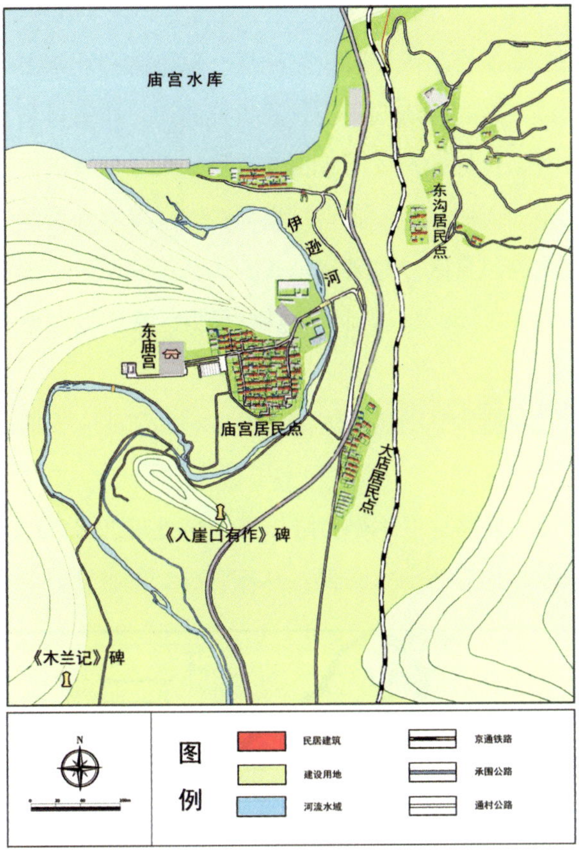

庙宫村村庄布局示意图

◉ 区位交通

区位　庙宫村位于河北省承德市围场满族蒙古族自治县南部，隶属围场满族蒙古族自治县四道沟乡，地处四道沟乡的最西端。东与四道沟乡横河子村相邻，南与承德市隆化县唐三营镇石片村接壤，西与县内黄土坎乡海字村毗邻，北接庙宫水库库区。

庙宫村地处内蒙古高原和冀北山地的过渡带，为阴山山脉、大兴安岭山脉的尾部和燕山山脉的接合部。地理坐标为北纬 41° 43′ 10″，东经 117° 50′ 130″，海拔高度在 710 米以上。地势东西高，中间低。东西两侧的山岭交错伸入中间的伊逊河[①]。全村总面积 10.9

---

① 伊逊河发源于河北省承德市围场县哈里哈乡，是围场县域内第一大河。

平方千米，距县城 26 千米，距承德市 130 千米，距北京市约 320 千米。

庙宫村地处围场县南端，是围场县—隆化县—承德市—北京市一线、围场县—内蒙古自治区—辽宁省一线，各类物资双向流转的重要通道。庙宫村是县域内重要的果品经济带，优越的地理位置、良好的气候因素，使该村的果品经济迅速发展，并能方便、快捷地输送到承德、北京、天津等地。庙宫村也是县域内重要的旅游经济带，拥有的名胜古迹和庙宫水库国家水利风景区，是游客进入围场县第一个风景游览区。同时，庙宫村还是通往塞罕坝国家森林公园、御道口草原森林风景区和围场红松洼国家自然保护区的南大门。

交通 庙宫村交通便捷，是围场满族蒙古族自治县与河北省承德市之间的重要交通要道之一。

承围（承德—围场）公路途经承德市隆化县，穿过庙宫村直达围场满族蒙古族自治县城围场镇，为双线双车道二等省级公路。从庙宫村到承德市，长途汽车车程约 1.5 小

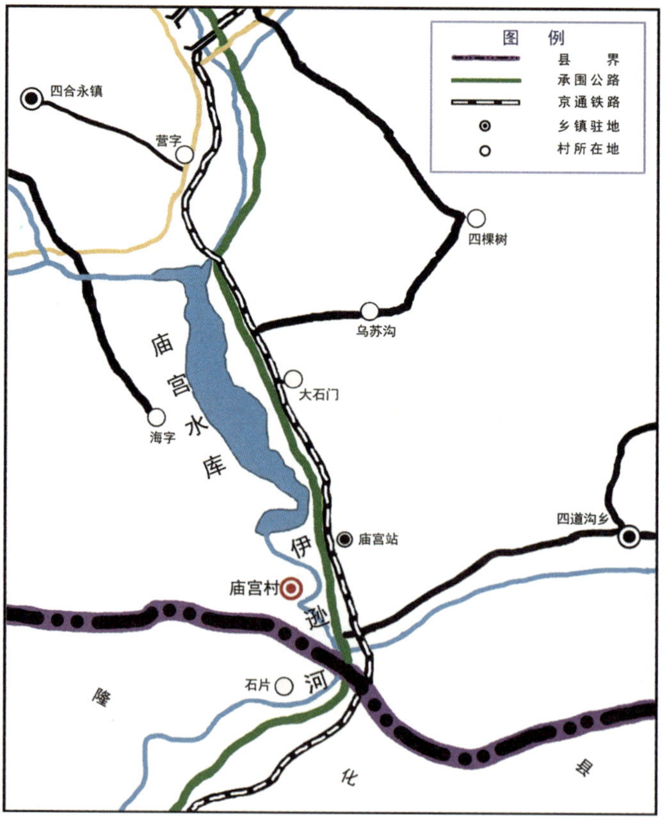

庙宫村周边公路、铁路示意图

山间河谷平原地貌（2015 年）　　孙兆岭　摄

时，到达北京车程约 4 小时。

贯通北京、河北、辽宁、吉林 4 个省市的京通（北京—通辽）铁路干线经过庙宫村，并设有庙宫站。从庙宫村到承德市，普通旅客列车车程约 2.5 小时，到北京市车程约 6 ～ 7 小时。

庙宫村距承赤（承德—赤峰）高速围场南口仅 15 千米，从围场南口进入高速，到承德市或到赤峰市，车程均约 1.2 小时。从庙宫村到承德普宁机场约 130 千米，到赤峰玉龙机场约 180 千米。

◉ 自然环境

地貌、土壤

庙宫村是围场满族蒙古族自治县域内海拔最低的地区，属于由低山、台地和河谷等构成的冀北山地地形。

庙宫村的总体特征是两山夹一河，北靠庙宫水库。东山坡缓，山脚是黄土坡地，土层较厚，植被较好，侵蚀轻，可以耕作。西山陡峭，为火山凝灰岩和流纹岩构成，石质较疏松，侵蚀较严重，形成许多形状不一的石笋石柱等，部分山体有薄土层，为宜林地。

东西两山之间为南北走向的伊逊河。该河经北部的庙宫水库南流，进入东西两山之间的河谷。由于两侧山脉的侧峰交错伸入河道，使其大部分河道狭窄而弯曲。河两岸谷地为耕地，少量由河水冲积形成，大部分为坝后填土造田形成。

根据《围场县土壤志》记载的 1980—1982 年全国第二次土壤普查结果，庙宫村耕地土壤类型大致分为三类：

黄土性耕地棕壤 主要分布在东山下段的缓坡地带，土层深厚，中壤质地，水土流失较轻，养分含量较高，适宜栽植果树，种植玉米、谷子、大豆等农作物。

冲积淋溶褐土 主要分布在沿伊逊河两岸北段，地势平坦，土层较厚，质地略沙，土壤结构好，肥力较高，适宜种植玉米、小麦、水稻、马铃薯等农作物。

沙滩地耕地风沙土 主要分布在《入崖口有作》诗碑以南和东庙宫周围，地势平坦，土质疏松，通透性好，易于耕作，不易受涝，土壤增温快，易发小苗，但土壤颗粒粗，土壤贫瘠，氮磷含量低。由于地处沿河两岸南段，受干旱危害较轻，适宜种植玉米、谷子、黍类等农作物。

气候

庙宫村属于围场满族蒙古族自治县南部浅山中温半干旱粮林牧区，为中温农业气候区。从1991—2005年数据看，庙宫村气候大体如下：

日照 年均日照时数2832小时，日照百分率为64%。大于或等于10℃持续时间的日照时数为1214小时，占全年日照时数的43%。各月日照时数5—6月最多，达290小时左右；12月最少，仅196.6小时。5—9月，各月日照时数均大于240小时。

气温 年平均气温4.5℃～4.7℃。4—10月，各月平均气温在年平均气温以上；11月至次年3月，平均气温均在0℃以下。

降水 庙宫村在县内处于相对多雨地带，属于半湿润、半干旱地区，年降水量一般在500毫米以上。受地形、气候等因素影响，降水时空分布不均。3—5月，降水偏少；6—8月，降水最多；9—11月，降水仅次于6—8月；12月至次年2月降水甚微。

霜 初霜一般为9月20日，终霜一般在5月14日，无霜期130天左右。由于庙宫村北依庙宫水库库区，在库区水温的调节下，初霜时间比周边地区晚7～10天。

雪 一般降雪初始日在10月12日左右，最早降雪日在9月24日前后，最晚降雪日在11月7日左右。降雪终日一般在4月5日左右，最早在4月1日前后。降雪量不稳，一般一次降雪量为10毫米左右。

风 由于受大陆性季风气候的影响，冬季、春季多刮西北风，风速一般为2米/秒～3米/秒；夏季、秋季多刮偏南风，风速一般为1.4米/秒～2.6米/秒。因庙宫村地处伊逊河川的咽喉要塞，是山口地区，冬季的西北风比周边地区稍大。

物候 庙宫村没有完整、详细的物候观测记录。民间对于物候情况的描述是：打春阳气转，雨水沿河边；惊蛰乌鸦叫，春分鸟来全；清明忙种麦，谷雨种大田；立夏种瓜豆，小满苗出全；芒种地铲草，夏至最长天；小暑进盛暑，大暑初伏天；立秋后一伏，处暑五成年；白露霜期到，秋分地割完；寒露出五色，霜降把地翻；立冬不算冷，小雪天渐寒；大雪冰结冻，冬至短一天；小寒地冻厚，大寒整一年。

其具体物候情况大致为：

3 月下旬，气温回升至 0℃以上，土壤开始解冻，大雁北飞。

清明节后，气温升至 5℃左右，杨树、柳树开始泛青，农民开始准备春耕。

4 月中旬，杨树、柳树开始发芽，山杏含苞，杂草发芽。4 月下旬，山杏、映山红开花，杨柳吐绿；玉米播种，谷子也陆续播种。

5 月上旬，香果、黄太平苹果、金红苹果、梨等果树开花，种瓜种豆。

6 月上旬开始，气温稳定在 20℃，农作物开始进入生长期。

7 月中上旬，玉米、谷子抽穗，山杏进入采摘期，种植萝卜、芥菜、大白菜；中下旬，香果进入成熟采摘期。

8 月中上旬，黄太平苹果进入成熟采摘期；8 月下旬，金红苹果进入成熟采摘期。

9 月中旬，气温迅速变凉，昼夜温差加大，大雁南飞；中下旬，玉米、谷子完熟；9 月下旬至 10 月上旬，苹果、梨、红果采收，秋叶开始变色，水面开始结冰。

10 月下旬，大白菜收获，树叶落尽。

11 月下旬，土地封冻。

12 月上旬，河流封冻。

自然资源

野生动物资源　庙宫村一带地处山区，野生动物繁多。尤其是清代放垦围荒以前，这里的野生动物十分丰富，曾是康熙、乾隆、嘉庆三位皇帝行围狩猎之地。据《大清高宗纯皇帝实录》记载，乾隆皇帝在乾隆三十六年（1771）、乾隆三十八年（1773）、乾隆四十一年（1776）、乾隆四十四年（1779）等年份“木兰秋狝”时，都曾在今庙宫村附近射杀过猛虎。80 年代以前，由于大量捕杀，野生动物逐渐减少。90 年代后，野生动物保护工作逐步加强，严厉打击非法捕猎活动，加之生态环境的逐渐改善，野生动物种类和数量逐年增多，主要有：雉鸡、石鸡、沙半鸡、喜鹊、红嘴山鸦、鹰、雀鹰、野鸭、麻雀、鹌鹑、雕、鸽子、啄木鸟、黄莺、燕子、狍、野兔、狼、蛇、狐狸、丛林猫、山鼠、黄鼠狼、獾、松鼠、龟、地羊、青蛙等。

野生植物资源　庙宫村一带群山耸立，林木苍翠，植被较好。植被以蕨类植物为

伊逊河上的野鸭（2017 年）　　侯延广　摄

主，药用植物、观赏植物、食用植物分布十分广泛。用材林、经济林，灌木林地主要分布于浅山沟谷。

药用植物主要有：刺五加、柴胡、升麻、荆芥、黄芩、苍术、车前子、桔梗、百合、芍药、鸦葱、地榆、仙鹤草、透骨草、元参、苦参、白头翁、地丁草、地椒、洋金花、益母草、苍耳子、宽叶荨麻、马齿苋、玫瑰花等。

观赏植物主要有：五角枫、山樱桃、杜松、沙地柏、照山白、兴安杜鹃等。

食用植物主要有：哈拉海、蕨菜、黄花、苦乐芽、蒲公英、曲麻菜、刺儿菜、榆钱等。

水土保持植物主要有：沙柳、骆驼蒿、沙棘、铁杆蒿、沙蒿、蝙蝠葛、狗尾草、茵陈蒿、披碱草、白茅、青蒿、艾蒿、稗草等。其中骆驼蒿是庙宫村最普遍的植物，对水土保持起着至关重要的作用。

用材林主要有：山杨、柳树、白桦、榆树、蒙古栎、落叶松、云杉、黑松等。

经济林主要有：山核桃树、山梨树、山荆子、山杏树等。

土地资源　庙宫村总面积 10.9 平方千米，土地资源总量为 16350 亩。其中，农业用

伊逊河风光（2017 年）　　　　侯延广　摄

地 14038 亩，占土地资源总量的 85.86%，人均占有农业用地 21.73 亩；非农业用地 2312 亩，占土地资源总量的 14.14%，人均占有非农业用地 3.58 亩。在农业用地中，耕地面积 1838 亩（其中水浇地 652 亩），占土地资源总量的 11.24%；林地面积 12200 亩，占土地资源总量的 74.62%。在非农业用地中，居民点和工矿用地 237 亩，占土地资源总量的 1.45%；交通用地 240 亩，占土地资源总量的 1.47%；水域 1835 亩，占土地资源总量的 11.22%。

水资源　庙宫村水资源主要为地表水和地下水。

庙宫村由于在县内处于相对多雨地带，属于半湿润、半干旱地区，多年平均降水量为 500 毫米左右。地表水主要来自降水。

域内的伊逊河属滦河水系，因无客水过境，属自产水，平均水深 0.2 ~ 0.3 米，平均流量 4.5 立方米 / 秒。

庙宫村处于伊逊河谷地带，域内还有庙宫水库，地下水资源较丰富。含水层厚度为 20 米左右，由砂卵石组成，潜水层一般在 5 米以内。单井最大出水量 250 ~ 550 立方米，水位变幅一般为 4 ~ 5 米，水质为 I 类水。

◉ 人口

人口规模 新中国成立时，庙宫村村民居住的“四河台子”（原村址）共有 33 户、180 人。1961 年 7 月，庙宫村正式更名建村后，共有 57 户、256 人。1984 年恢复乡、村建制后，全村共有 99 户、457 人。2000 年后，年均增加人口 10 人左右。到 2016 年年末，全村总户数为 158 户，总人口为 646 人。其中：庙宫居民点 107 户、438 人，大店居民点 33 户、135 人，东沟居民点 18 户、73 人；男性 320 人、女性 326 人。全村人口密度为 59 人。

新中国成立后，庙宫村的人口数量逐年上升。随着人民生活水平、医疗水平的不断提高，高龄老人比例也在不断增加。2016 年，全村有 80 岁以上高寿老人 11 人，占全村总人口的 1.70%。

文化结构 根据 1982 年人口普查资料与 2016 年人口结构的比较，庙宫村村民的文化程度也在不断提高。1982 年有文盲、半文盲 103 人，占当时人口总数 440 人的

庙宫居民点（2016 年） 宁利勇 摄

23.41%；2016 年有文盲、半文盲 9 人，占人口总数 646 人的 1.39%。1982 年，小学文化程度 190 人，占当时人口总数的 43.18%；2016 年为 87 人，占人口总数的 13.47%。1982 年，初中、高中文化程度 97 人，占当时人口总数的 22.05%；2016 年达 491 人，占人口总数的 76.01%。1982 年，大学文化程度 0 人；2016 年达 33 人，占人口总数的 5.11%。

从业情况 1982 年，全村从事农业生产人数 407 人，占当时人口总数的 92.5%；2016 年，从事农业生产人数为 544 人，占总人口的 84.21%。1982 年，从事工商业人数为 3 人，占当时总人口的 0.68%；2016 年，从事工商业人数为 36 人，占总人口的 5.57%。1982 年，全村没有从事旅游、运输等服务业的人员；2016 年，从事旅游、运输等服务业人数为 64 人，占总人口的 9.91%。

全村共有在外地工作的处级干部、高级工程师等人员 7 人，占全村总人口的 1.08%。

姓氏构成 1943 年，庙宫 25 户村民中，姓氏只有 20 个。其中，以王姓、张姓、李姓人口最多，占全村总人口的 56.6%。随着多年来迁出、迁入、分家、婚嫁等情况的变化，到 2016 年年末，全村 158 户村民中，共有姓氏 65 个。其中，王姓为人口最多的姓氏，达 174 人；李姓、张姓、冷姓人口也较多，均达到 30 人以上。

民族构成 庙宫村一带在清代时只有驻防木兰围场及东庙宫的满蒙八旗人。开围后，许多外地汉族人（其中也有部分从辽宁、内蒙古等地来的满族人和蒙古族人）到此开荒种地。

据 1982 年第三次人口普查统计，全村共 440 人，其中：汉族达 351 人，占全村总人口的 79.77%；其余 89 人均为满族，占全村总人口的 20.23%。从 1985 年起，根据国家有关政策，开始核实并落实民族成分。通过采取个人申请、群众认定、村里审查、乡政府批准，并公示的方法，一部分村民从汉族恢复或改为少数民族，其中大部分恢复或改为满族。从此，庙宫村成为少数民族人口聚居村，村民以满族为主，兼有少量蒙古族。

截至 2016 年年末，全村 646 人中：满族 507 人，蒙古族 10 人，分别占全村总人口的 78.48% 和 1.55%；汉族 129 人，占全村总人口的 19.97%。

◉ 村域经济

种植业

庙宫村传统农作物主要有玉米、谷子、马铃薯、莜麦、荞麦及各类蔬菜，但由于村域面积小，山地多平地少，加之气候、技术等各类因素的影响，传统种植业不能形成规模，经济效益较低。新中国成立以来，庙宫村不断摸索种植新品种，种植业逐渐发生变化，走过了一条从种植传统农作物到种植寒区水稻，又到玉米制种，再到发展观光农业的曲折之路。

水稻种植　1967 年，隆化县石片大队修建 1 号灌溉水渠用于灌溉稻田（北起庙宫千年冰洞南至隆化县西大坝），途经庙宫河夹心地。该地段约 110 亩，因属于河滩地，不能种植任何作物。1968 年，时任庙宫大队书记张荣、大队长李亭才为了改善河夹心地土壤质量，决定效仿石片大队发展水稻种植。是年 3 月，社员 100 余人开始整地和修建水渠。5 月，水渠和整地工作完成，具备种植水稻的条件。

1970 年，再次对庙宫店门前河滩地进行整理，修建河坝 200 米，整理稻池田 100 亩。1971 年，大队将庙宫后地 100 亩玉米地改造成稻田，稻田总计达到 310 亩，全部采用自留稻种播种，亩产稻谷 150 千克以上。自 1972 年开始，村民在河夹心地和店门前地全部推广采用插秧播种法，亩产稻谷达 250 千克以上。截至 1979 年年底，全村稻田地发展到 410 余亩。

1982 年，全县推行家庭联产承包责任制后，庙宫村所有土地全部分产到户，原有 410 亩稻田继续种植水稻，村民将原围场农业局种植的 140 亩玉米地也全部改造成了稻田。从是年开始，村民对水稻品种进行了更新，农户原留有稻种不再使用，由大队到各户统计购买稻种数量，再统一到隆化县布什营农场购买稻种。当年亩产大米 400 千克。到 1983 年，庙宫共有河夹心地、店门前地、庙宫后地、河南地、河北地 5 块水稻种植区，总种植面积 550 亩。1986 年，原河夹心地 110 亩稻田改种玉米。1988 年，由于大米市场价格较低，种植水稻每亩经济效益不足 400 元，村民种植水稻的积极性有所下降。随后，村民将稻田全部改为玉米制种基地。

玉米制种　庙宫村玉米制种基地首次试种品种为黑丹 301，基地 300 米范围内不再种植玉米大田。因当年繁育的玉米种子主要用于二次育种使用，不用抽天穗，其他时间由村民自行管理，进行锄草、追肥等劳作。1988 年，平均亩产玉米种子 350 千克以上，由种子公司回收，每亩效益 450 元以上。1989 年，村委会与县种子公司签订种植合同，以原玉米制种基地为基础，为公司培育杂交玉米种子。因杂交种子比自交系的产量高，当年亩均产量达 400 千克以上，每亩效益达 800 元以上。

1994 年年初，县农业局农业技术推广站推广玉米制种新品种。庙宫村区位优势明

田间耕作（2000 年）　　王虎　摄

显，并已将现有稻田全部改造成粮田，符合建立玉米制种基地要求，经与村委会协商，签订了种植合同。当年种植的是早熟 417 玉米品种，亩产玉米 400 千克以上，每千克收购价为 3.2 元，每亩经济效益在 1200 元以上，比种植水稻要高出 200 元左右。

此后，庙宫村在发展玉米制种产业的同时，隆化县三北种业公司在大坝乡大面积建立玉米制种基地，因庙宫村《木兰记》碑周边土地与大坝乡石片村土地交错分布，村民交流比较频繁，受到经济效益的影响，部分村民表示愿意与三北公司合作，改良玉米制种品种。1996—1998 年，庙宫村与三北公司合作，在全村建立玉米制种基地 650 亩，主要种植中丹 2 号和晚熟 417 两个品种，生长期约为 130 天，三北公司每年派出技术人员驻村指导，亩产量和亩效益比种植早熟 417 高出 200 元左右。

休闲观光农业　1999 年 12 月，县委、县政府出台《围场满族蒙古族自治县 2000—2002 年农业结构调整规划》，庙宫村玉米制种产业逐渐下滑，代之而起的是与果品产业相结合的休闲观光农业。

2005 年，四道沟乡党委、政府依托庙宫深厚的皇家文化、良好的生态环境、丰富的旅游资源，提出了以“三园”（生态观光园、水上乐园、自采果园）、“两碑”（《入崖口有作》诗碑、《木兰记》碑）、“一庙”（东庙宫）旅游格局为依托，开发特色乡村旅游，并将休闲农业作为新兴产业予以重点扶持。2007 年，庙宫村完成生态观光园建设并开始接待游客观光。2010 年，在庙宫村规划生态采摘园 500 亩，村民依托紧临承围公路的独特优势，在旅游季节邀请游客上山采摘，亩效益最高达到了 6000 元。同时，庙宫村积

油葵观光园（2008 年） 王虎 摄

极响应县委、县政府号召，加大旅游沿线果树产业带建设，在双梁子至菜园子段新栽植果树 200 亩，助推了生态休闲观光农业的发展。

2011 年，庙宫村被县委、县政府确定为“花卉长廊建设项目”建设区域，乡、村两级广泛动员，村民积极参与，在公路沿线种植油葵 400 亩，葵花盛开季节吸引游客观花、摄影，并推动了餐饮、住宿业的发展。2014 年，庙宫村“开心农场”建成。该农场位于承围公路沿线，由本村村民王虎投资 20 万元建设，占地面积 50 亩，主要种植蔬菜、玉米、黄豆、向日葵，以围场市民和游客为主要服务对象，提供蔬菜采摘、观光体验、地块管理、鲜菜配送等服务。2015 年，县委、县政府制定庙宫旅游农业示范区创建规划，四道沟乡党委、政府抢抓这一机遇，将庙宫村小东沟作为千亩果品观光采摘园予以打造，当年硬化采摘园道路 2200 延长米。同时，建设“开心果园”100 亩、红树莓采摘园 20 亩，培育果品观光、采摘示范户 20 户。2016 年，乡党委、政府积极响应县委、县政府“五个示范区”“五个产业带”工作部署，进一步做大做强庙宫旅游农业，村民王虎投资 30 万元，流转土地 260 亩，建设油葵示范园区 1 处，收到了良好的经济效益和社会效益。

果品业

艰难起步 20 世纪 60 年代初，为了推动果树产业的发展，县林业局在四道沟乡周边发展果树种植，经庙宫大队干部和县林业局工作人员实地考察，因李顺梁有山泉，可以满足灌溉要求，于是建起了苹果梨园，占地面积约 30 亩，栽植苹果梨树 200 余株，这是庙宫大队第一个果园。当时建梨园时，大队派出一名社员到林业局学习果树管理技术，回村后将梨园交其管理，一直到 1968 年。为了便于梨园管理，在建园之初，大队就组建了一支10余人的专业队，具体负责梨园的生产经营与日常管理。但由于管理技术不到位，导致梨园产量不高。

1968年春，庙宫大队决定让一名具有一定果树专业知识的社员担任果树技术员。从当年开始，专业队人员在梨园逐步推广剪枝技术，重点治理梨大食心虫病害，实施果园深翻、树下压绿肥（蒿草）技术，梨树管理逐步规范，苹果梨的产量也不断提高。到1978年前，梨园年产量基本稳定在2500千克左右，苹果梨主要通过庙宫水库管理处和围场县供销社收购，所得收入归大队所有。同年，全县各乡镇重点发展山楂产业，庙宫大队建设“百亩红果园”。同时，大队又派出一名社员到隆化县半壁山林场购买了2000余株山楂树苗，另从周边乡镇购进500余株树苗，在双梁子建起了山楂果园，所有权归庙宫大队所有。

1979年，庙宫大队又建起了葡萄园，总面积20亩。当年春、秋两季两次派人到吉林省公主岭市园林绿化苗木基地购买葡萄苗共2000余株。1981—1995年，大队将山楂园、苹果梨园和葡萄园分别承包给部分社员经营。在此期间，由于山楂价格不断下降，承包者将山楂树改栽金红苹果树，苹果梨园改栽金红苹果和香果。

初步发展　庙宫村果树大面积发展是从2002年全县开始实施退耕还林工程以后。当年，村委会动员广大村民退耕栽植果树，全村退耕443.5亩，主要退耕地点位于西梁、冷家梁、梯田梁和双梁子，其中西梁以栽植香果为主，其他地方以栽植金红苹果和太平果为主，另有少量杏扁。2006年，庙宫村实施第二次退耕还林工程，主要退耕地点位于卫生队、东西湾子、汽车连、大平地区域，退耕面积为600亩，栽植的主要品种为香果、金红苹果和太平果。此后，依托四道沟乡翠怡果品协会，通过商贸洽谈、网上发布信息，逐渐打开了市场，综合效益比种植玉米等传统农作物要高，林果产业成了农民致富增收的新兴产业。同年，注册木兰农业开发有限

李子（2015年）　王虎　摄

香果（2015年）　王虎　摄

公司，流转土地120亩，在东庙宫以南建起了寒地果树观光采摘园，主要栽植金红苹果、李子、香果、杏、梨、榛子等品种。

2009年，村民王虎利用自家果园紧临承围（承德—围场）公路的区位优势，引导游客到自家果园采摘，提供筐、箱、袋、手套等必备用品，按照1.5千克/10元的价格进行结算，让游客既体验到采摘的乐趣，又能够吃到新鲜的果品，采摘销售额占到果品总产量的一半以上，亩纯效益达6000元以上。在其带动下，部分果农也开始发展果品采摘。2010年，寒地果树观光采摘园正式对外开放，采摘期从7月初到9月末，前来采摘的游客逐年增多。2011年，注册成立庙宫岁丰果品专业合作社。2013年，投资100万元，新建占地23亩的果品交易市场1处，并完善机井、停车场、摊位等配套设施建设，果品交易秩序进一步规范。

上档升级 2014年，县委、县政府制定庙宫休闲农业示范区创建规划，结合“美丽乡村”建设，村委会决定以小东沟为中心打造千亩果品观光采摘园。同年，县林业局果树站支持庙宫寒富树苗500株，发给有积极性的14户村民进行试种。是年，寒地果树观光采摘园被河北省老科学技术工作者协会评为科普示范基地。3年来，累计投入资金300余万元，硬化采摘园道路5千米，建观景台1处、厕所2个、标志牌16块，新打机井2眼，新建占地5亩的果品交易市场1处，为游客赏花、踏青、观光、采摘营造

千亩果品观光采摘园（2017年） 侯延广 摄

果品装箱（2015 年） 刘利杰 摄

了良好的环境。

到 2016 年，全村已有果品采摘示范户 20 户，有岁丰果品、翠怡林果、东野水果等果品专业合作社 3 家，年果品采摘增收达到 8000 元以上。全村果园总面积 1295 亩，人均果园面积 2 亩，年果品总产量 2000 吨，实现产值 200 余万元。

旅游业

制定发展规划 庙宫村旅游资源丰富，文化底蕴深厚，东庙宫、庙宫水库、《入崖口有作》诗碑、《木兰记》碑、千年冰洞等景点景观，为庙宫旅游产业的发展奠定了基础。

2005 年，四道沟乡正式确定了“旅游活乡”的发展思路，庙宫村旅游业发展正式起步。依托本村的旅游资源，确定了“三园、两碑、一庙”的发展格局，并决定以东庙宫古建筑的修复为龙头，以生态观光及庙宫水库综合开发为依托，以“农家游”为特色，推动全村旅游产业迅速发展。2010 年，庙宫村结合农村面貌改造提升和新农村建设工程，持续打造美丽乡村，并将林果产业与旅游业相结合，发展观光农业。

项目建设助推旅游业发展 2006 年 5 月，东庙宫修复工程完工。同年，投资 120 万元，占地 11.5 亩的燕军农家庄园正式接待游客。在其带动下，有 3 户村民在全村办起“农家游”，当年全村实现旅游收入 5 万余元。2007 年，庙宫村加大旅游项目建设力度，引资 360 万元，完成生态观光园建设，于 7 月 26 日正式接待游客，并投资 110 万元完成燕军农家庄园的升级改造。是年，全村实现旅游纯收入 55 万余元。

水上乐园码头（2016年）

2009年，燕军农家庄园和塞北生态园接待能力与服务水平进一步提高。全年，全村共接待游客1万余人次，新发展“农家游”2户，实现旅游业产值200余万元。2010年，投资580万元的燕军农家庄园酒店投入运营，是承德市第一家五星级乡村酒店，也是全县规模最大、设施最全的乡村旅游接待场所，年接待游客8000余人次，实现旅游收入100余万元。2011年，由内蒙古尧盛菌业发展有限责任公司投资建设的东庙宫古崖口漂流项目正式投入运营，开发了“激、平、峡、环”式漂流，日接待游客700余人次，全年接待游客5万余人次，实现营业收入300万元以上。项目的建成，填补了县内坝下漂流项目的空白，进一步丰富了旅游内容，提升了影响力。

李艳军 摄

2015 年，伊逊哈巴奇围场庙宫庄园项目开工建设。该项目占地面积 15.1 亩，共分两期建设，其中一期投资 3000 万元，完成了征地、环评、规划等前期工作，新建宾馆 6000 平方米，平整停车场 4600 平方米。是年，县委、县政府组织召开《庙宫旅游区发展规划暨庙宫湖景区概念性规划（2015—2030 年）》论证会议，并在塞罕坝国家森林公园举行庙宫旅游景区项目发布会。该景区规划总面积 117.3 平方千米，包含庙宫旅游区、温泉片区两个部分，计划在 2020 年前，完成庙宫湖生态休闲度假区、东沟—五道沟休闲农业旅游两大重点项目的基本建设，创建国家 AAAA 级旅游景区。

游客在东庙宫游览（2017 年） 侯延广 摄

2016 年，庙宫村有特色“农家游”10 户，其中金易农家院、大老孙农家院、冷士农家院等已成为设施比较完备、规模较大的接待户。全村全年共接待游客 5 万余人次，实现旅游收入 250 余万元。

◉ 村庄建设

公路建设 据《围场满族蒙古族自治县志》和《围场交通史》等有关资料记载，途经庙宫村省道承赤（承德—赤峰）西线是渔阳县[①] 通往东胡[②] 的南北古道，在清代是从北京经承德避暑山庄到木兰围场行围狩猎的主要路线。1929 年 7 月，在古代官道基础上修建的从横河子起，经庙宫、四合永、银窝沟至克勒沟段的公路，当时是土路。

1934—1935 年，修建承德至围场全线 130 千米的公路，途径庙宫村。1943 年以

---

① 渔阳县：秦置，为渔阳郡治。治所在今北京市密云区。

② 东胡：春秋战国时期中国北方民族，因居匈奴（胡）之东，被称为东胡。其地南邻燕国，后被燕将秦开击败，北却千余里，燕遂筑长城以拒之。燕长城遗迹在今河北丰宁满族自治县北、围场满族蒙古族自治县、内蒙古赤峰市、敖汉旗、奈曼旗南一线。

废弃的太后梁老路（2015 年） 王虎 摄

前，庙宫村村民散居在各山沟小岔，只有人行小路通往承德、围场官道。1959 年，庙宫水库开工兴建后，庙宫至四合永段的公路成为淹没区，村民出行只能走山间小路。水库蓄水后，除走山间小路外，还可以乘船出行。1960 年，改线后的承赤西线建成通车，但此次改线后的路线未经过庙宫村。

1965—1966 年，承赤西线经庙宫段（双梁子、太后梁）进行第二次改建。1979 年，完成庙宫段油路铺筑任务。1996 年，庙宫村实施村路整修工程，完成首次承围公路至庙宫村的路面硬化工作。1998 年，为了村民农田生产运输的方便，在头道河子修建了钢筋水泥桥，同时也缩短了庙宫村通往隆化县石片村的路程。1998—1999 年，在承围公路围场段建设中，庙宫村域内的双梁子、太后梁段老路废弃，其中太后梁段开隧道过山。

2005 年，在伊逊河新建首座钢筋水泥桥，方便群众出行。2013 年，随着农村面貌改造提升行动的开展，庙宫村在紧临原钢筋水泥桥的北侧修建了第二座桥，规格和原桥一样。2014 年，将中桥两端道路加宽至 7 米。2015 年，对庙宫隧道实施照明设施改造工程。

铁路建设 途经庙宫村的京通铁路（北京—通辽），因起于北京市昌平区沙河镇，故又称沙通铁路，于 1972 年 10 月开工建设，1978 年竣工试运营，1980 年交付铁道部管理。

承围公路庙宫隧道（2015 年）　　王虎　摄

在该铁路的修建过程中，包括庙宫村在内，围场县共组织 3 个支铁民工团配属铁道兵部队参加了铁路建设。当时，铁道兵某部一个营驻扎东沟，团部机关及其所属汽车连、勤务连、卫生连全部设在东庙宫周围。在历时 6 年的艰苦施工中，铁道兵部队和民兵付出了巨大努力，共牺牲铁道兵部队官兵 101 名。1977 年，为纪念牺牲的烈士，在庙宫村南部横河子修建了烈士陵园，安葬烈士 23 名，另有 21 名烈士安葬在四合永镇营字村铁路东侧、伊逊河西岸。2011 年，围场满族蒙古族自治县实施零散烈士纪念设施抢救保护工程，当年 9 月工程竣工。2012 年 8 月，原建于营字村附近的 21 座烈士墓迁入改建后的烈士陵园。

京通铁路运营后，在庙宫村设铁路客运站，称“庙宫站”。到 2006 年 4 月 1 日，“庙宫站”改为乘降所。

水利建设

庙宫村地处伊逊河谷地，土地平整肥沃。1960 年庙宫水库修建后，原有的大部分平地成为淹没区，库区外留下的平川地大多是洪水泛滥时几经冲刷过的河滩。1963 年，在农田水利建设中，修筑河坝 60 米，坝后改造良田 40 亩。1967 年，修筑河坝 1 道、800 米，坝后造田 120 亩。1964—1975 年，庙宫人修渠引水，在水渠灌溉不到的地块打灌溉机井 6 眼，并把这些河滩地改造成可种水稻、可种大田的水浇地。其间，修筑的水渠主要有

3 条，总长 8000 米。其中，从砬嘴到西湾子水渠的主渠长 1500 余米，支渠长 400 余米，截至 2016 年，仍是庙宫村内最重要的灌溉渠道。

新中国成立以来，庙宫村实施的最大水利工程就是庙宫水库工程。庙宫水库是一座以防洪为主，兼顾灌溉、发电、旅游等综合利用的大（2）型水利枢纽工程，水库控制流域面积 2370 平方千米，占伊逊河流域面积的 54.5%，总库容 1.83 亿立方米。工程是国家级的水利工程，按 100 年一遇洪水设计，2000 年一遇洪水校核，设计地震烈度为 6 度。由于水库坐落在伊逊河主河道上，坝址在庙宫村域内四道河子南侧，故命名“庙宫水库”，由承德市水务局庙宫水库管理处管理。

1958 年，为解决伊逊河下游的防洪灌溉问题，原承德地区行署决定举全区之力修建庙宫水库。庙宫水库设计淹没区面积 150 多平方千米，涉及村民 305 户、1469 人，房屋 775 间，主要分布在四合永镇的大石门、乌苏沟、哈字 3 个村。当时庙宫村村民均为大石门村第五居民组村民，在修建该水库初期全部进行了搬迁。是年年底，由原承德地区行署水利局开始勘察设计。1959 年 11 月，庙宫水库正式全面动工，1962 年完成大坝、溢洪道和 145 米明渠道衬砌、发电输水道、电站等第一期主体工程，并蓄水投入运行。

大坝 坝顶东西长 400 米，河床段坝长 100 米，坡地段坝长 280 米；坝顶宽 6 米，坝底宽 280 米；坝顶高程 783.2 米，坝高 40.2 米。

1961 年庙宫水库建设现场一角　　县档案馆　提供

庙宫水库远眺（2015 年）　　李艳军　摄

溢洪道　全长 560 米，宽 200 米，设两扇弧形闸门，遇到水量太大时，可提闸放水，能使百年一遇的洪水（1730 立方米 / 秒流量）通过水库调节削减到 500 立方米 / 秒，使千年一遇的洪水（2770 立方米 / 秒流量）通过水库调节削减到 822 立方米 / 秒，将水害变为水利。

发电输水道　全长 553.7 米。其中，导流明渠 100 米，底宽 3 米；尾水渠长 150 米，底宽 7 米；导流洞长 100 米，洞径 2.5 米；电洞长 203.7 米，洞径 3 米。电站、水库电站装机 3 台，装机容量 1500 千瓦。

1970 年，庙宫水库进行了续建。1976—1978 年，在原坝基础上又将主坝加高 2.2 米，使原设计总库容 1.45 亿立方米扩大到 1.83 亿立方米，并进行了安全加固，为县内的庙宫村、横河子村，隆化县、滦平县部分地区灌溉耕地 9 万亩，其中稻田 5.4 万亩。1992 年 4 月，庙宫水库实施浸没治理二期工程，总投资 70 万元。2002 年 8 月，庙宫水库上游进行除险加固工程，总投资 9234 万元，工程于 2005 年年底完工。

根据水利部“科学、合理利用水利风景资源，保护水资源和生态环境，加强对水利风景区的建设、管理和保护，改善人居环境，拉动区域经济发展，使每一个水库都是一处风景区”的总体要求，2006 年，本着生态园林分区设置、水域山场功能配套、水环境和生态环境和谐优美、资源保护可持续利用的原则，全面开展水利风景区建设，总计规划建设人文历史古迹区、水上游乐区、特色果品采摘区、宾馆接待区、园林区、垂钓区等 6 个功能分区。年内，共建设悦心园、办公楼前休闲观赏园 3 处 38 亩，采摘园 200 亩，绿化山场 400 亩，生态恢复 212 亩，栽植景观树 2 万株、杨柳树 0.8 万株、李子 1 万株、苹果及梨树等 0.4 万株，完善配套宾馆 3000 平方米，建设漂流河道 6.8 千米，初步满足“住”的条件，完善“游”的功能，营造“玩”的环境。同年 8 月，庙宫水库通过水利部水利风景区评审委员会评审，入选第六批国家水利风景区。

供电、通信设施建设 1960 年 5 月，随着庙宫水库建设中用柴油机发电，庙宫村村民开始用电照明，结束了用麻油灯、煤油灯照明的历史。1978 年庙宫水库建成后，庙宫村由庙宫水库发电站供电，但归隆化县电力局管理，此时增加了动力用电。2001 年，在 35 千伏农村电网改造中，四道沟乡用电改为围场电力局管理，并在蓝旗卡伦乡设立了供电所，庙宫村随之改由蓝旗卡伦供电所供电。

1969 年 1 月，在县、社、队农村电话通信网建设中，庙宫大队安装第一部磁石电话。2000 年，四道沟乡安装自动电话，庙宫村部分家庭开始使用自动电话。2003 年，围场联通公司在四道沟乡建立基站；围场移动公司架设横河子—庙宫传输光缆，少数村民开始使用手机。2004 年 3 月，县联通公司在横河子村建设基站 1 个，信号覆盖庙宫村。2005 年，固定电话扩容，在横河子、四道沟分别建电话基站各 1 处，庙宫村在横河子基站服务范围内。2008 年，横河子村基站进行设备升级，更换华维设备，增加宽带功能，庙宫村和横河子村开始通宽带，部分农户开始购置家用电脑。此后，特别是 2014 年光纤升级通到村组后，庙宫村村民使用手机、电脑的人数大量增加，固定电话拥有量逐年减少。至 2016 年年末，全村村民手机持有率达 80% 以上，其中智能手机占手机总数的 50% 以上；共有家用电脑 48 台。

最美休闲乡村建设 从 2006 年起，庙宫村按照省、市、县的要求，开始进行文明生态村创建活动，改进村民居住环境，重点开展道路硬化、村庄绿化和街院净化工作。是年，被承德市委、市政府评为第二批创建文明生态村工作先进村，被县委、县政府评为文明村。2008 年和 2009 年，相继被承德市委、市政府和河北省爱国卫生运动委员会评为市级文明村和省级卫生村。

打扫、清理小巷（2014 年）　　王虎　摄

2010 年，庙宫村被确定为围场县首批新民居建设项目村。庙宫村抓住这一有利时机，对村庄布局、巷道建设、照明设施、街道绿化等进行规划设计，制定科学合理、实用性强的新民居建设规划，该规划被河北省住房和城乡建设厅授予省级新民居示范村三等奖。新民居建设工程于 5 月份开工建设，10 月底完工，共投资 300 余万元，新建民居 7 户，改造提升 80 户，安装玻璃钢新能源沼气池 12 个、路灯 20 盏，新建垃圾池 2 个，硬化巷道 1 万平方米，建成公厕 1 处。全村达到“五通”（通自来水、通有线电视、通宽带、通柏油路、通客运班车）、“五有”（有标准化幼儿园、有卫生室、有村民活动中心、有村级组织活动场所、有农资超市）的建设要求，被承德市农工委确定为典型示范村。2011 年，投资 23.8 万元，硬化庙宫大营子巷道 3400 平方米。

为全面推进全县农村面貌的改造提升，2013 年，县委、县政府印发《全县推进农村面貌改造提升行动实施方案》，要求：2013 年，全面启动、重点突破；2014 年，以点带面、扩大成效；2015 年，整体推进、全面提升。是年，庙宫村着力实施环境卫生治理和公共服务设施提升工程，共清理垃圾 300 余吨，粉刷墙壁 2 万平方米，绘制文化墙 300 平方米，安装路灯 30 盏，铺设青砖巷道 2000 平方米，架设竹艺围栏 4000 延长米，栽植油松 560 株、花草 2000 平方米，并完成标志石、中桥、垃圾填埋场、旅游公厕的建设。2014 年，将美丽乡村建设和庙宫休闲农业示范区创建相结合，新栽植杨树 1 万株，桦树 1860 株，丁香、玫瑰 2000 丛，新建文化广场 2400 平方米、卫生室 260 平方米，新安装路灯35盏，被省委、省政府评为美丽乡村、2012—2013年度文明村。2015年，进一步加大民生改善和产业培育力度，新建停车场4600平方米，建设“开心果园”100亩、“开心农场”50亩、红树莓采摘园20亩，组建舞蹈队1个，评选“美丽家庭”7户，培育果品观光、采摘示范户20户，被河北省农业厅评为“河北最美休闲乡村”“河北美丽田园”，被农业部评为“中国最美休闲乡村”。

少数民族特色村寨建设 庙宫村一带从清代驻守满蒙八旗官兵及其家属时起，就是一个少数民族比较集中的地方。虽然同治元年（1862）开始放垦围荒后，从外地迁入一些汉族人，但其中也有满族人、蒙古族人。这个由清代驻防庙宫的满蒙八旗官兵后裔和后来迁入的满族、蒙古族、汉族民众共同组成的村落，满族和蒙古族占总人口的80%以上。同时，这里有乾隆《入崖口有作》诗碑、嘉庆《木兰记》碑和嘉庆皇帝亲自敕建的东庙宫，使这个村有着非常深厚的历史文化底蕴。2016年4月，庙宫村被河北省民族宗教事务厅确定为重点推进建设的全省少数民族特色村寨之一。

在县委、县政府的统一安排部署下，在省民宗厅的大力支持下，庙宫村按照培植发展特色产业，传承发展民族文化，综合整治民居环境的整体思路，制定了少数民族特色

庙宫村满族民俗街（2017年）　　孙兆岭　摄

村寨建设“一环、两街、两基地、三园”发展规划。“一环”指环村旅游公路，“两街”指满族民俗一条街、土特产品一条街，“两基地”指露营基地、摄影基地，“三园”指旅游康养园、农事体验园、休闲观光园。按照这一思路，把特色村寨创建、旅游产业发展和美丽乡村改造提升工程相结合，进行整体规划改造。

2016年8月30—31日，全省少数民族特色村寨建设推进会在庙宫召开，国家民委、省民宗厅领导对庙宫村少数民族特色村寨建设给予了高度评价。

截至2016年年末，满族民俗街主体工程已经完成，共改造民居21户，改造仿古墙1000延长米、门楼6个、仿古檐500延长米，粘贴仿古砖700平方米，新建戏台1个、旅游公厕1个，硬化《入崖口有作》诗碑道路750延长米、文化广场3300平方米，发展民族特色旅游接待示范户10户。

附:《庙宫村特色民族村寨规划》简介

为适应新形势下四道沟乡经济发展的需要，落实并实施生态文明、观光农业种植和特色村寨建设，改善乡村居住环境，提升乡村美誉度，营造围场全域生态景观化效果，提振农民精神风貌，更好地发挥乡村建设在经济发展建设中的作用，实现四道沟乡社会、经济、人口、资源、环境的可持续发展，2016年4月，由猎苑旅游文化开发有限公司编制完成《庙宫村特色民族村寨规划》(以下简称《规划》)。

《规划》确定的规划期限为2016—2030年，其中近期建设规划年限为2016—2020年，远期规划建设为2020—2030年。

划定的规划范围是四道沟乡庙宫村观光农业种植范围，包括村域和村庄民居改造以及具体节点设计打造等项目内容，总面积116.7亩。

其功能定位是：庙宫村应深度挖掘历史文化，充分发挥历史古迹、古诗碑、古崖口，以及庙宫水库、伊逊水道等历史、自然生态优势，在大力发展林果业、水果产品加工业的同时，对接旅游、休闲观光等农业主题，打造集历史探寻、古迹浏览、旅游观光、观花采摘、农事体验、康养休闲、农宿餐饮等于一体的旅游综合体。

其环境发展目标是：以环境整治为出发点，全面改善村域生态环境；严格控制各类污染源，全面整治水土流失，有效控制新的土地开发，切实加强大气、水土和动植物的保护。

《规划》对村域产业的总体布局是深度挖掘历史文化，充分发挥古诗碑、古崖口、伊逊河等历史、自然生态优势，在大力发展林果业、水果产品加工业的同时，对接旅游、休闲观光农业主题，打造集历史探寻、古迹浏览、旅游观光、观花采摘、农事体验、康养休闲、农宿餐饮等于一体的旅游综合体。

（一）第一产业

结合庙宫的实际，大力发展生态农业、林果业，实现经济社会可持续发展。发展生态农业能够保护和改善农村经济的常规发展，并转变为持续发展，把环境建设同经济发展紧密结合起来，在最大限度地满足人们对农产品日益增长的需求的同时，提高生态系统的稳定性和持续性，增强农业发展后劲。

适宜庙宫村发展的生态农业产业主要为林果业，延伸水果产品加工业项目。

（二）第三产业

旅游服务产业为庙宫村发展的第三产业。庙宫村地理位置优越，生态资源丰富，域内拥有《入崖口有作》诗碑、《木兰记》碑、东庙宫等历史遗迹和庙宫水库等自然资源，满族特色突出，民风淳朴，有得天独厚的旅游产业发展基础，也是围场全域旅游的南部区域重点旅游景区，适宜打造集历史探寻、古迹浏览、旅游观光、观花采摘、农事体验、康养休闲、农宿餐饮等于一体的旅游综合体。

《规划》对村庄居民点的总体布局是：以完善村庄体系、优化村庄空间布局、整合土地资源、减少低水平建设，引导特色民族村寨的有序发展，改善群众的生产生活水平，并体现节约用地的原则。考虑现阶段经济条件、未来产业发展和地形的限制，规划村庄为条状聚集发展建设。

《规划》对村庄空间管制的规划是：合理利用各种资源，保护生态环境，促进庙宫村城乡空间协调发展，规划划定禁建区、限建区和适建区，指导村域开发建设。禁建区原则上禁止建设（除特殊规定者之外）；限建区根据资源环境条件科学合理进行开发建设；适建区按照规划要求，合理确定开发强度。

（三）设置禁建区

基本农田保护区，要按照《国务院关于深化改革严格土地管理的决定》，加强基本农田管理和保护。禁止任何单位和个人在基本农田保护区内进行建窑、建房、建坟、挖砂、采石、采矿、取土、堆放固体废弃物等活动。禁止任何单位和

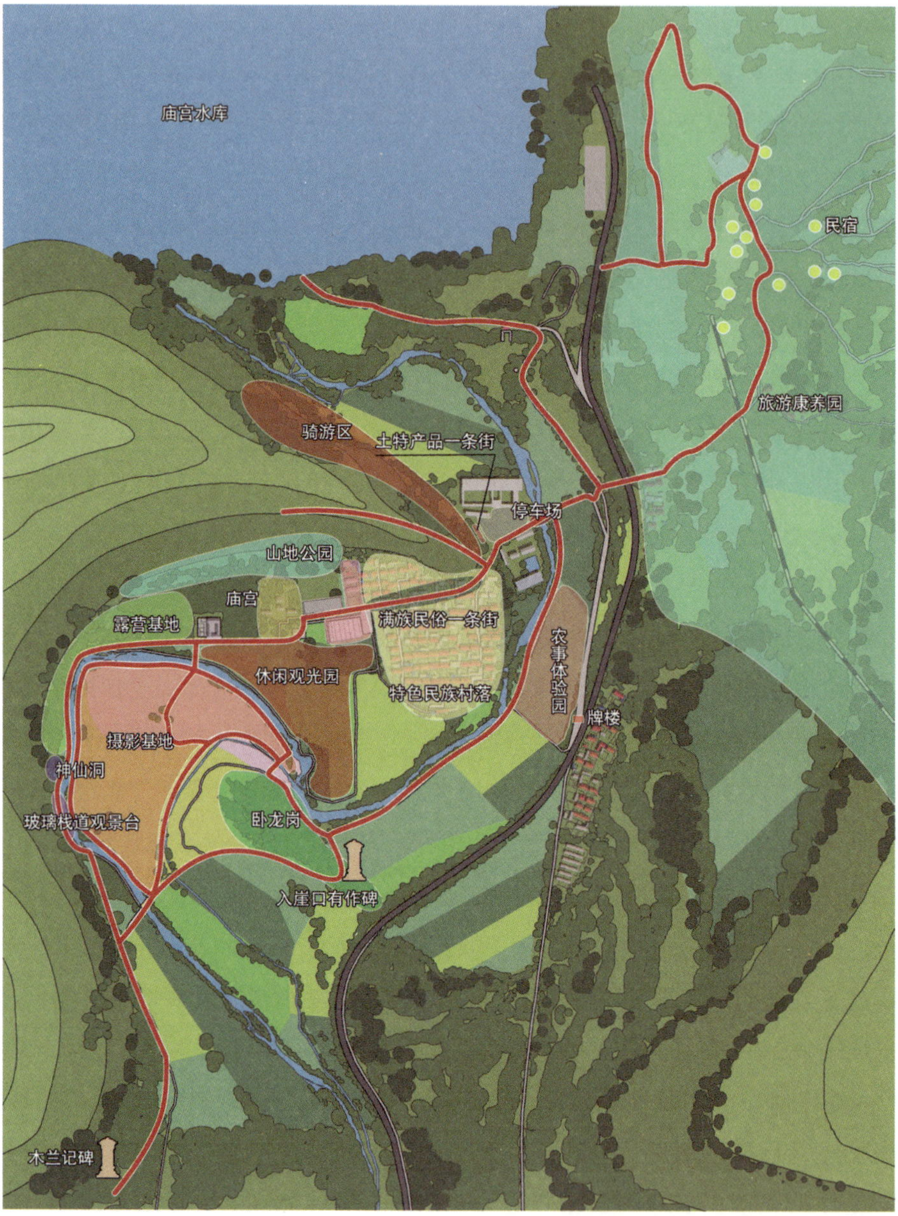

庙宫村特色民族村寨规划图　　猎苑旅游文化开发有限公司　提供

个人闲置、荒芜基本农田。在基本农田使用中，要加强农田生态系统和林网建设，控制化肥农药、工业废水对土壤的污染，防止水土流失，保证基本农田质量。

重要生态培育、生态建设地区，主要包括村庄地表水及地下水水源一级保护区、行洪河道、防风固沙和水土流失治理区。

（四）设置限建区

林业用地区，指发展林业和改善生态环境需要划定的区域。

地表水水源二级保护匹配区，不得新建、扩建、改建直接或间接向水体排污的工程项目，既有项目不符合排放标准的按有关规定限期治理、转产、拆除或搬迁。

地表水准保护区，一切建设项目均需符合《中华人民共和国水污染防治法》的有关规定。

地下水水源二级保护区，禁止新建、改建、扩建对地下水造成污染的建设项目，如加油站、医院、排放有毒有害废水的实验室等。

地下水水源三级保护区，禁止新建、改建、扩建化工、电镀、皮革、造纸、冶炼（含焦化和烧结）、印染、炼油、制药、养殖及产生放射性污染等建设项目和设施。

（五）设置适建区

适建区是城乡建设优先选择的地区，包括新民居建设片区、乡村居民点建设区及工业园区等其他适宜建设的区域。

《规划》对村庄的绿地系统规划为：

公共绿地建设目标，规划期末庙宫村村庄绿地率达到 9.63%，人均公共绿地 10 平方米以上。

道路绿地建设目标，主要应结合村庄道路进行设计，并通过横向道路及河流两岸绿化强调与村庄主干绿化空间的衔接，行道树树种主要考虑桦树、山杨、榆树等。

生活片区绿地建设目标，在村庄中结合生活片区布局安排若干片区级绿地，主要结合地形和农宅的安排进行规划设计。村庄绿地规划强调服务半径的合理性以及功能服务的综合性。

生产防护绿地建设目标，规划在给水设施用地、垃圾填埋场等市政设施用地周边设置 10 ~ 20 米宽绿化带，形成与其他用地的有效隔离。

《规划》对村庄的景观规划为：依托庙宫村特点，打造停车场、观景平台、步游道、村落街巷、土特产品展销、民族文化展示、东庙宫、连心桥、皇家花园、《入崖口有作》诗碑、驿站、御道、朝阳洞、天梯顶、《木兰记》碑、梯田果园、水上乐园、崖口漂流等景观景点。在村庄的主要入口、景观轴交叉点、公共服务设施周边重点建设景观节点，形成完整的景观序列。

◉ 村民自治

民主选举 1996 年以前，庙宫村村民委员会的产生实行等额选举，由乡确定候选人，然后由村民无记名投票产生，投票结果超过半数即可当选。

1988 年 1 月，由原四道沟满族乡提名，通过等额选举，产生庙宫村第一届村民委员会，其中主任 1 名，会计兼民兵连长、团支部书记 1 名，妇女主任 1 名。1991 年，为宣传贯彻《中华人民共和国村民委员会组织法》，县民政部门在庙宫村村民委员会设立村民自治法律咨询处，并培训骨干入村入户进行宣传，利用广播进行专题宣传。同年 2 月，通过等额选举产生了庙宫村第二届村民委员会。村委会产生后，按县民政部门要求，组建了红白理事会、治保委员会、民调委员会，以及禁毒禁赌、护林护秋队等组织。1994 年 2 月，通过等额选举产生了庙宫村第三届村民委员会。

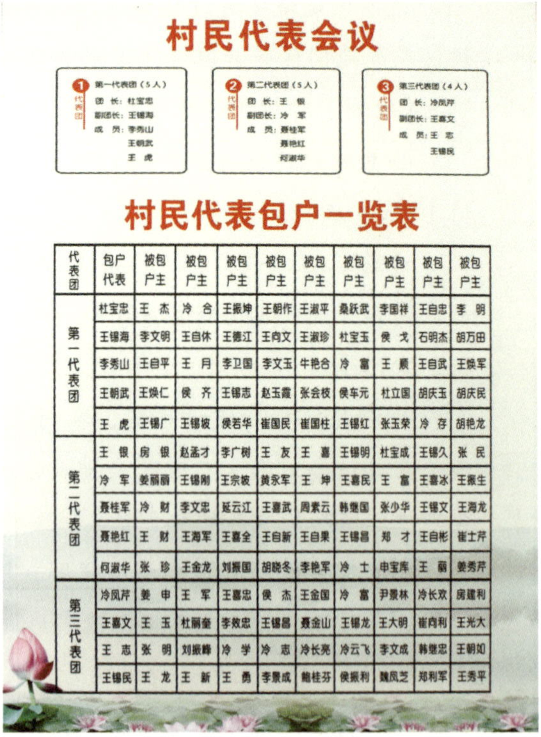

村民代表会议及村民代表包户公示专栏（2017 年）
孙兆岭 摄

1996 年，全县开始推广承德市民政局首创的村民直选“八步直选法”，即选举部署、选举发动、选民登记、建立代表会议制度、产生候选人、正式选举、完善组织、建章立制。是年 7 月中旬，民政部门和县委、县政府分别在棋盘山镇二十九号村和龙头山乡大字村进行了村民直选试点选举，庙宫村村民委员会干部和部分村民代表到选举现场进行了观摩学习。同年 12 月，庙宫村按照“八步直选法”的要求安排部署选举工作。1997 年 2 月初，进行了选民登记。随后，召开村民大会选举产生村民委员会候选人 5 人。2 月 26 日，由村民直接选举产生了第四届村民委

村务监督委员会公示专栏（2017 年）　　孙兆岭　摄

员会。村民委员会由 3 人委员组成，其中主任 1 人，委员 2 人。新的村委会成立后，根据实际情况，对原红白理事会、治保委员会、民调委员会等组织进行了相应调整。2000 年后，依据《中华人民共和国村民委员会组织法》和 2002 年修订的《河北省村委会选举办法》，以及县委、县政府有关村民委员会换届选举工作的相关要求，庙宫村村民委员会按时依法进行换届选举，每届任期 3 年。到 2016 年，先后产生了第五届至第十届村民委员会。在第一届至第十届村民委员会主任中，黄振川连任 2 届，侯戈连任 4 届，王锡民连任 4 届。

1988—2015 年庙宫村第一届至第十届村民委员会主任选举结果一览表

表 1

届　次	选举时间	选举结果	选举方式
第一届	1988 年 1 月	黄振川	等额选举
第二届	1991 年 2 月	黄振川	等额选举
第三届	1994 年 2 月	侯　戈	等额选举
第四届	1997 年 2 月	侯　戈	村民直选
第五届	2000 年 2 月	侯　戈	村民直选
第六届	2003 年 1 月	侯　戈	村民直选
第七届	2006 年 4 月	王锡民	村民直选
第八届	2009 年 1 月	王锡民	村民直选
第九届	2012 年 1 月	王锡民	村民直选
第十届	2015 年 1 月	王锡民	村民直选

民主监督 1995 年，县民政部门开始在全县开展以“民主选举、民主管理、民主监督、民主决策”为主要内容的村民自治活动，其中一个重点内容就是搞好民主监督，建立村务公开制度。当年，庙宫村在全县 312 个行政村中，被划为经济发展较快、村风村貌较好的 125 个一类村之一。

1996 年，全县开始实施“鱼水工程”。“鱼水工程”的重要内容之一就是在全县农村普遍推行村务公开制度，即村务“六公开”。县委、县政府于当年 6 月出台《关于全面推行农村村务“六公开”的决定》，成立村务“六公开”领导小组。随后，县纪委、监察局出台《关于全面推行农村村务“六公开”的实施细则》，对“六公开”内容作了具体规定，并提出村务公开“五规范、一满意”（公开的内容、程序、时间、阵地、管理要规范，公开的结果群众满意）的工作标准。是年，庙宫村村民委员会在村委会门前设立“村务公开宣传栏”，主要是按季度公开财务管理、计划生育、宅基地审批、电费收缴、定购提留、干部责任目标等 6 项内容。1997 年，按照县委的指示，庙宫村将村务公开的内容由 6 项增至 8 项，即增加救灾款物的发放和村享受补贴人数及补贴标准两项内容。

《河北省村务公开条例》于 1999 年 5 月颁布实施后，县委、县政府出台《关于全面推进村民自治，进一步加强农村基层民主法制建设的意见》。根据县委、县政府的有关指示，庙宫村将村务公开内容调整为 12 项，增加村经济社会发展规划和村民委员会年度工作计划，村民承包经营方案，救灾、扶贫、助残等款物的接受、发放情况，当年宅基地的申报、批准和使用情况 4 项内容。是年，庙宫村村民委员会开始设立村

庙宫村村务公开宣传栏（2017 年） 孙兆岭 摄

民理财小组和监督小组。2003 年，县委、县政府下发《关于切实做好村务公开民主管理工作的通知》，对村务公开民主管理工作提出了更高要求，并建立领导小组成员单位联系点制度。同年，新产生的庙宫村第六届村民委员会按要求进一步规范村务公开的时间、地点和内容，并决定除定期公开规定的 12 项内容外，重大事项或临时性工作要随时公开。

从 2004 年 11 月起，庙宫村按县委、县政府的要求，将村务公开内容由原来的 12 项调整为 23 项，主要增加文明生态村建设情况、新型农村合作医疗情况、退耕还林政策落实情况、粮食直接补贴政策落实情况等内容。

2009 年 1 月，庙宫村第八届村民委员会选举产生后，撤销了原理财小组和监督小组，选举产生了村民监督委员会，设主任 1 人，委员 2 人，并连续任职两届。2015 年 1 月，庙宫村第十届村委会换届产生后，将原村民监督委员会改为村务监督委员会，设主任 1 人，委员 4 人。村务监督委员会选举产生后，与民主治村、“4133” 工作机制建设统筹推进，监督水平和群众参与村级管理的积极性更加提高。

到 2016 年年末，11 年间庙宫村村民委员会村务公开内容累计达 1030 余项次（临时公开内容除外）。

文明村民 2013 年，庙宫村被县委、县政府列为农村面貌改造提升村后，大力开展民居改造、小街小巷硬化、文化广场建设等工作，培育一批爱清洁、讲文明、树新风的农村家庭，打造美丽乡村，并通过这一行动全面提升村民的精神风貌。年底，根据新的村规民约，首次评选“美丽家庭” 3 户，分别为王军、胡振利、魏凤芝家庭。同年，村

表彰文明家庭（2017 年） 王虎 摄

颁发“最美庭院”牌匾（2015 年） 王虎 摄

委会积极带领村民参与由承德市妇联开展的千村妇女争创“美丽庭院”活动。市妇联通过实地检查，按照庭院美、家庭美、厨厕美、身心美、村庄美的“五美”要求进行筛选评比，庙宫村村民魏凤芝等 3 个家庭荣获全市“美丽庭院”荣誉称号；另有 4 个家庭被县妇联评为县级“美丽庭院”。2014 年，庙宫村再次开展“美丽家庭”评选活动，除 2013 年入选的 3 个家庭外，另有王志、王锡海 2 个家庭上榜。

2015 年，开展“最美庭院”、“孝子家庭”和“和谐家庭”评选活动。其中，被评为“最美庭院”的是魏凤芝、胡振利 2 个庭院，被评为“孝子家庭”的是王锡柱、桑耀武、冷才 3 个家庭，被评为“和谐家庭”的是王自斌、王锡海 2 个家庭。2016 年，评选“最美庭院”5 个，除上年入选的 2 个庭院外，王军、王自斌、王志 3 个庭院榜上有名；评选“孝子家庭”4 个，除上年入选的 3 个家庭外，另有张珍家庭入选。是年，庙宫村还开展“维护环境先进个人”评选活动，冷金花、陈玉芝 2 人光荣当选。

◉ 村民生活

衣食住行

衣着 新中国成立前和新中国成立初期，庙宫村人冬天戴毡帽，有条件的人戴狗皮帽子，最好的是狐狸皮帽子，毛长、暖和。脚穿自家做的布鞋，条件好点的穿“毡疙瘩”（即毡靴），穷人家的孩子多数常年光脚丫，没有鞋和袜。上身穿空心小棉袄，下身穿空心棉裤，没有内衣，有条件的可以套一件自家做的破皮裤。北方的冬天十分寒冷，

而且时间很长，这样的衣服一般每年要穿 5 个月左右，没有衣服可以替换，也没有条件洗澡。因此身上长虱子是必然的事。夏天穿衣比较随意，但做衣服的布料都是小粗布，穷一点的穿麻袋片、口袋片改做的衣衫。衣服破了都是自家缝缝补补，大家的衣服基本上都是补丁摞补丁。衣服的颜色多为黑色、蓝色和土黄色。

20 世纪 50 年代末后，随着生活的改善，麻袋片一类的衣服逐渐消失，但带着补丁的粗布衣仍然常见。“文化大革命”时期，男女都流行穿军装、军鞋，戴军帽。到 20 世纪 70 年代末，年轻人流行穿喇叭裤、蝙蝠衫，中老年人则穿中山装或中式便服。

改革开放后，服装鞋帽的款式不断增加，西服、牛仔裤、健美裤、毛衣毛裤、保暖内衣、各种各样的裙子、羽绒服，以及各种各样的皮鞋、皮靴、凉鞋、运动鞋等等，逐渐走进千家万户。人们从头到脚穿的戴的都是从市场上买的，再也没有了补丁摞补丁的破衣服，也没有了破毡帽和毡疙瘩。衣服面料更是百花齐放，而且更新很快。刚刚还在流行的确良和比基尼，马上就开始换成了毛呢、毛料；昨天还流行化学纤维织物，今天就变成了棉纺布料。有的衣服价值上千元，甚至上万元，有的高档皮鞋也要花上几千元，就连小孩子的衣服鞋帽也要讲究名牌，花几百元甚至上千元买一件是很平常的事。很多年轻人还特意买一些带补丁、带窟窿的衣服，这也是一种时髦、一种时尚。

饮食 1947 年围场县第二次解放后，经过土地改革，农民分得了土地，日子有了转机。但庙宫村由于山多地少，自然灾害频繁，粮食产量低，人们还是以玉米、谷子、高粱、土豆等为主食，一般以吃玉米面饼、玉米面窝头、小米粥、玉米粥、土豆饭等为主，有时粗粮细作，吃一顿玉米面条，或者吃一顿莜面、荞面条之类。白面只有在过年时才能吃到一点，除了供应的，有条件的可用自家的粗粮到城里换一点白面。一年中吃肉的时候也很少，除了过年时村里杀猪杀羊时分一点，再就是庙会时杀羊祭“大岭”① 时全村人共同吃一顿。有的人家也养猪，但大多时候舍不得自己食用。最困难的时候，庙宫村人还吃过玉米穰之类的东西。

1958 年“大跃进”和三年困难时期，村民集中吃食堂，每人每天只有 6 两粮食，不够吃，就到野地里挖野菜。野菜也挖不到时，就把树皮、树叶、玉米穰等磨成粉来做食品充饥，即所谓“瓜菜代”。由于没有油和其他副食，很多人营养不良，出现浮肿等症

---

① 大岭指“兴安大岭佛”，即“塞北佛”。

状。从1963年起，庙宫村村民大搞农田水利建设，围坝造田，改造河滩种植水稻，从此吃上了大米。直到改革开放后大米随处可买才停止种植。

20世纪80年代，农村实行联产承包责任制，可以八仙过海、各显其能，自由种植粮食和经济作物，大多数农民很快改善了生活，大米、白面、肉、蛋、奶不再是农民饭桌上稀有的食物。2000年以来，随着农业产业结构的不断调整，农民利用本地的资源优势，发展庭院经济，发展果品产业和旅游业，生活逐渐走向富裕，饮食水平逐年提高，饮食结构也发生了巨大变化。尤其是中老年人，不再只是满足于填饱肚子，而是开始注重营养保健，不但要吃细粮，还要适当搭配一些粗粮，不但要吃各种各样的水果，春天时还要挖一些野菜换换口味。如今人们追求的不再是大鱼大肉，而是营养均衡。

住房　新中国成立前后，庙宫村村民住的是窝棚、马架，好一点的家庭住的是草房。经过土地改革、互助组、初级社、高级社、人民公社化，逐步走上了集体化道路，生活逐步得到改善，住的窝棚没有了，马架子少了，土坯房子多了。

“文化大革命”结束后，庙宫村村民都住上了土坯草房，屋里逐渐有了座钟、缝纫机、收音机等物品。改革开放后，农民生活不断好转，住上了瓦房，有的还盖起了两层小楼。屋里用上了自来水，冰箱、彩电等家用电器进入了每一个家庭。1996年，庙宫村被列入全县的小康村行列。到2009年，人均年收入达到了3000元，全村的瓦房有近50%已改建为砖混结构。

特别是2010年以来，通过新民居建设、农村面貌改造提升、美丽乡村建设等工程

农家新居（2015年）　　王虎　摄

村路弯弯（2017 年）　孙兆岭　摄

的实施，群众的生产生活环境发生了日新月异的变化，住房变得更加宽敞明亮、整洁舒适，涌现出很多“美丽庭院”和“美丽家庭”。

到 2016 年，全村人均年收入达 2 万元以上的高收入户有 40 余户，人均年支出 8000 元以上；人均年收入达 1 万元以上的中等收入户有 80 户左右，人均年支出 5000 元以上；人均年收入 1 万元以下的低收入户有 40 余户，人均年支出 3000 元左右。全村高收入户、中等收入户和低收入户的人均住房面积，分别在 40 平方米、30 平方米和 20 平方米左右，全村人均住房面积为 26.9 平方米。

交通　新中国成立前后，庙宫村人出行几公里、几十公里，甚至上百公里都要靠步行，只有个别富裕人家有马车、驴车或牛车，一般为木轮或者包铁皮的木轮。走亲戚、买物品时如果路途太远或物品较多较重，便骑马或骑驴。

20 世纪 60 年代，个别家庭开始有自行车。到 70 年代后逐渐普及，并开始有了小型拖拉机。到 80 年代后，小型拖拉机、摩托车成为村民出行的主要交通工具。从 90 年代末起，自行车和拖拉机陆续减少，摩托车、四轮农用车大量增加。2010 年以来，电动车、轿车开始进入家庭，有的家庭既有摩托车、电动车，同时还有轿车；有的家庭甚至有二三辆轿车。2016 年，在 40 余户高收入户中，拥有摩托车、轿车的达 80%，拥有农用车的达 90%；在 80 户左右的中等收入户中，拥有摩托车的达 80%，拥有轿车的户为 10%，拥有农用车的达 80%；在 40 余户低收入户中，拥有摩托车的为 10%，拥有农用车的为 10%。

庙宫村村民出行时的交通工具有多种选择，既可以坐火车，也可以坐班车，还可以打出租车或者自驾，均十分方便。

社会保障

养老保险 2011年7月，围场县成为全国第三批新型农村和首批城镇居民社会养老保险试点县，全县城乡居民养老保险工作正式启动。是年8月，县委组织部等3个部门抽调人员逐乡逐村进行宣传发动和督办后，农村养老保险工作逐步推开。个人账户由个人缴费、政府补助、集体补助构成，其中，农村养老保险个人缴费标准分为每人每年100～500元5个档次，参保人自选档次缴费。政府补贴标准为每人每年30元，庙宫村未进行集体补助，每人每月发基础养老金55元。当年庙宫村村民参保315人，缴纳保费3.4万元。

2015年，基础养老金每人每月从55元提高到75元。2016年，由75元提高到80元。同年，对村民个人缴费最高限额提高到每人每年3000元。庙宫村村民凡在本村居住、符合缴费条件的，均可投保缴费（学生和在外打工已上养老、医疗、失业、工伤和生育等“五险”的人员除外），符合领取基础养老金条件的老年人都正常领取了养老保险金。据统计，2016年，全村共有参保人员598人，占全村总人口的92.57%，其中领取养老保险金共90人，占参保总数的15.05%。

高龄津贴 高龄津贴是国家出台的又一项惠民政策。围场县从2006年开始对90岁以上的高龄老人实施了补贴，当年为四道沟乡63名90岁以上老人发放高龄津贴共计7500元，以后逐年增加。2009—2012年，每年给90岁以上老人每人发放高龄津贴600元。2013—2016年，每年给90岁以上老人每人发放高龄津贴720元。2014年，围场县又对

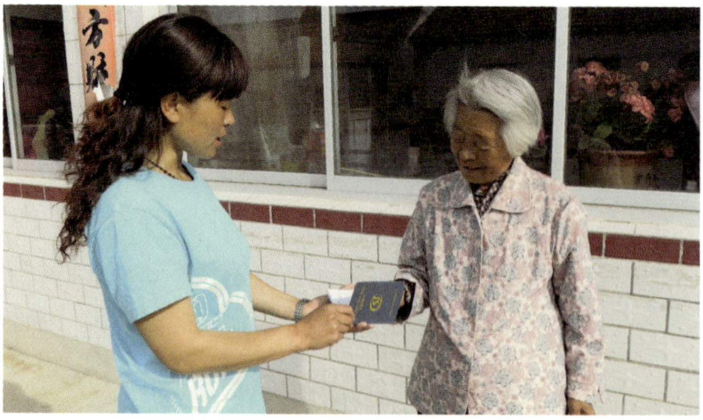

入户发放养老保险证（2015年） 王虎 摄

80岁以上老人发放高龄津贴，每年给80岁以上的老人每人发放高龄津贴360元。2016年，庙宫村80岁以上老人共11人，都在领取高龄津贴。

五保供养 根据国家的政策，1954年以后，围场县政府对县内丧失劳动力、无依无靠的孤寡老人实行“五保”，即保吃、保穿、保烧（燃料）、保住、保葬。享受五保的家庭叫五保户，其资金来源主要是公社公益基金，由生产队及大队集体供养，辅以必要的国家救济。当时庙宫村曾经看守东庙宫的老人崔中秀时年61岁，符合五保供养条件，庙宫村将其列为五保对象，直至1977年老人去世。此后，又有3人符合五保供养条件，也享受五保供养待遇。

1994年1月，国务院颁布《农村五保供养工作条例》，将五保内容确定为保吃、保穿、保住、保医、保葬5个方面。2003年，全县五保户生活费改由县转移支付解决。2005年，有一部分老人住进了各乡镇的敬老院，生活费由县财政负担，平均每人每月生活费150元，另一部分分散在各村，这些人的生活费由乡镇村统筹，生活费用保持当地群众的生活水平。2007年以来，农村五保供养标准不断提高。到2016年，供养标准已提高到3800元。在此期间，庙宫村只有五保对象1人，按政策享受五保供养待遇。

农村低保 围场县农村居民最低生活保障工程从1998年7月启动，但由于各级政府缺少资金，没有开展起来。2005年，按照河北省政府的相关要求，正式开始实施农村低保制度，全县农村低保工作采取“高门槛、小范围、低标准和试点先行”的方式进行。首先在四合永镇、广发永乡进行试点，将无劳动能力、无经济来源、无法定赡养和抚养人列为保障对象。2006年，县委、县政府将农村低保工作列入县政府办好涉及群众切身利益的十件实事之中，并将96万元农村低保补助金列入财政预算，出台《自治县农村居民最低生活保障暂行办法》，农村低保工作开始向全县农村铺开。2007年，庙宫村首次纳入农村低保范围3户5人，年人均领取保障金300元。2007—2014年，农村低保月人均补助标准不断提高，由25元提高到110元。2015年年初提高到121元，同年10月又提高到151元，从2016年10月起提高到160元。10年来，由于家庭人均收入的不断变化，庙宫村低保户时减时增。2016年，根据县委、县政府加快农村贫困人口脱贫的目标任务，庙宫村正在按照相关要求，配合县民政部门着手实施农村低保制度与扶贫开发政策的有效衔接。

文化教育

文化 新中国成立前，庙宫村村民基本没有文化生活，只有每年农历四月初一（当地人称塞罕佛生日）时办庙会、唱大戏，周围乡村的村民也都到庙宫看戏、逛庙会。20世纪60年代初修建庙宫水库时，经常有剧团到工地慰问演出，庙宫村村民一同观看。各县电影放映队也到工地慰问放映，同时庙宫水库指挥部自己设有电影放映队，每周至少放映3次电影。1962年，全县各区成立了电影放映队，不定期到庙宫放映。1969年，围场县有线广播迅速发展，实现了县、公社、大队三级转播，并实现传输载波。公社广播站、大队广播放大站纷纷成立，广播网遍布城乡。庙宫村也成立了广播放大站，在各自然营子和居民点安装了大喇叭，村民通过广播了解国家时政新闻，收听文艺节目，接收公社和大队的通知等。1974年，除原有的大喇叭外，各户都安装上了播音纸片小喇叭，在家里就可以收听广播。20世纪80年代中期，开始有部分村民购买黑白电视机或彩色电视机。当时接收信号主要靠自制天线，只能接收雾灵山河北台和大光顶子围场台的电视信号，收视效果差。为了解决信号不好的问题，庙宫水库管理处出人员、技术，四道沟乡政府出资金，联合在庙宫东山轿顶子山头安装了一个转播台，供四道沟乡群众接收电视信号。

1994年，庙宫村和庙宫水库联合建起了地面卫星接收站，建起了自设前端有线电视网，有线电视信号送到庙宫各家各户，结束了靠自制和购买电视天线接收电视信号的历史。2000年，庙宫村有线电视网并入县网。2002年，又把模拟电视信号升级为数字电视信号，电视机配机顶盒，电视收视效果达到有史以来的最佳水平。由于电视的普及，纸片小喇叭停止使用，但大喇叭的有线广播从未间断。2006年修复东庙宫后，庙宫村每年农历六月十三日都举办庙会，请外地剧团来唱大戏，本村及周边群众来此看戏。

从2011年起，村民自发成立庙宫村舞蹈队，村委会成立农家书屋。同时，在新民居建设、新农村建设和最美休闲乡村建设过程中，庙宫村先后修建文化广场两个，总面积达4300平方米，并安装了高低杠、双杠、爬杆、健骑机、腹肌板、腰背按摩器、坐推训练器、肩关节训练器等健身器材。2015年，村委会依托“妇女之家”进一步规范庙宫村舞蹈队，并成立由20多名年龄偏大的村民组成的秧歌队，配备锣鼓器材1套、旱船2个、毛驴道具2个，

农家书屋一角（2017年）　　杜丽华　摄

腰鼓舞（2017 年）　　侯延广　摄

以及腰鼓、舞蹈扇、秧歌扇、拉杆音响、电子琴、舞狮道具等器材设备。在“妇女之家”的组织下，舞蹈队 9 人排练出具有现代风格的舞蹈曲目 3 个、腰鼓舞蹈 1 个。2016 年，在创建综合文化示范村过程中新建文化戏台 1 处，占地 140 平方米。农家书屋设立藏书室 1 间、阅读室 1 间，藏书达 9000 余册。

学前及中小学教育　1945 年以前，庙宫村村民原居住的“四河台子”没有中小学校。1945 年 8 月围场县第一次解放后，村民王焕祥从横河子①请来私塾先生郝玉峰，在此开设私塾，读书的孩子最多时也只有 9 人。1947 年 5 月围场县第二次解放，此时，私塾先生为张元凯，读书的孩子最多时只有 6 人，最少时只有 2 人。1948 年，私塾先生毕子伦教学时，围场县政府派来了公办教师郭金亭任教，在此开办了公办小学。1951 年，小学撤销，学生和教师合并到大石门②小学。1960 年，庙宫水库蓄水后，原庙宫到大石门的道路成为淹没区。因学生无法到大石门继续上学，便占用东庙宫院内的房屋做了教室。1963 年，在水库管理处（四河台子）确定了校址，共有校舍 2 栋，每栋 6 间教室。

1970 年，庙宫村和庙宫水库管理处联合开办初中，校舍由水库管理处提供简易房 9

① 今四道沟乡横河子村，该村与今庙宫村同属四道沟乡，位于庙宫村南 2 千米处。

② 今四合永镇大石门村，该村位于庙宫村北 2 千米处。

间，其中教室6间，办公室兼教师宿舍3间。1973年，修建京通（北京—通辽）铁路的铁道兵为了解决随军子女上学问题，在部队营房内建小学1所，前后两栋校舍共计24间教室，一、五年级留在原校址，二、三、四年级搬到新校址。1975年全部迁到庙宫新校址。1981年7月，经上级批准，庙宫中学撤销，教师和学生合并到四道沟乡中学。

根据1985年河北省《关于我省幼儿教育的意见》的通知精神，对幼儿进行早期教育，开发智力，锻炼体魄，庙宫村当年在小学开设学前班。学前班的学生和小学生同在一个班级，由小学教师执教，6周岁儿童入学前班。2002年，县政府制定《普及学前三年教育发展规划》，学前教育由一年延伸到三年，开设小、中、大班，招收4～6周岁学龄前儿童，同时将学前班更名为幼儿园。2004年，水库管理处进行规划建设，重新布局，庙宫村将小学迁至现址（村委会后）。

2006年，按照标准化学校建设标准，全县对中小学布局进行调整，加大对薄弱学校的改建力度，先后撤并小学43所。其中，庙宫小学撤并到四道沟乡寄宿制中心小学，原校舍留给村幼儿园。庙宫幼儿园占地面积432.15平方米，建筑面积253.7平方米。截至2016年年末，幼儿园有教师2名，设幼儿班1个，复式编班，班内有大班幼儿6名、

幼儿活动　　侯延广　摄

中班幼儿2名、小班幼儿10名。园内有办公室1间、幼儿休息室1间、幼儿活动室2间。活动室内有磁性板1块、电视机1台、小桌子5张、小椅子20把、桌面玩具3盒。休息室有儿童休息小床16个、棉质小床垫16个。园内有儿童滑梯1个。

成人教育 早在1947年5月围场县第二次解放后，庙宫村就成立了农民识字班，先是由识字的本村农民担任教员，后来由县里派任的小学教师兼任教员。所教内容只限于简单的识字和算数。1952年，推广了“祁建华速成识字法”。

1956年后，根据《中共中央、国务院关于扫除文盲的决定》，庙宫村也掀起了声势浩大的扫盲运动，90%以上14～50岁村民都参加了农民夜校的学习。在1960—1962年修建庙宫水库期间，庙宫小学没有校舍，小学生白天在村农民夜校上课，村民晚上才能上课。1966年后，农民夜校一度停止。1978年恢复县工农教育委员会后，成人教育门类逐步完善。到1983年4月，围场县经承德地区验收认定为基本无盲县。验收时包括庙宫村在内的四道沟乡的整体情况是：全乡有生产队59个，青壮年3232人，其中小学文化程度1004人，扫盲结业142人，其他文化程度1855人，合计3001人，占总人数的92.85%。

1983年后，农民业余教育转为初等文化和技术教育。1985年，各乡镇建起了成人综合学校，村办起了村成人学校，学校有校舍、桌椅、办公桌椅等设施，乡成人综合学校设校长1名，由原来的业教干部转任，配备兼职教师，多为乡农、林、牧站的负责人和技术员。村成人学校设兼职校长1名，由村支部书记兼任，由村两委班子成员兼任教师。其间，庙宫村农民学校除扫盲达标外，还积极开展技术培训，派冷凤芹、富振英等人外出学习毛衣编织技术，回村后培训本村人员，60%的妇女参加了学习，通过培训掌握了编织技术，产品广泛投入市场，带动了全村的经济发展。庙宫村农民学校被围场县评为一类村农民学校。1987年，庙宫村农民学校被承德地区评为农民教育先进单位。1997年，国家再一次对围场县扫盲工作检查验收，庙宫村顺利通过验收。

随着农业产业结构的调整和产业发展需求的变化，1997年后，庙宫村党支部、村委会把成人教育工作重点转移到科学技术培训上来，把技术培训与产业发展融为一体。一是在发展玉米制种产业中，按种子公司技术要求，加强对全体村民的技术培训。二是每年利用冬天农闲季节，组织农民学习果树管理技术，使果品业健康发展，成为庙宫村的一大支柱产业。除了对农民培训外，村委会经常组织技术骨干去市、县参加各类技术培训，使农民的种植、养殖技术水平不断提高。

卫生医疗 1960年以前，庙宫村村民看病比较困难，看病就医需到位于四道沟村的四道沟乡卫生院，距离庙宫15千米，再远就需到四合永镇和围场县城。由于医疗条件很差，加之人民的生活水平不高，一般性疾病大多用祖传土方法和偏方来预防和治疗。流传至今的方法有很多，比如拔火罐，对感冒上火、头疼脑热等病症有一定疗效，一般用火罐拔前额、太阳穴、后背、腋侧、前胸等处，都能收到良好的效果。再如用顶针刮，此方法就是刮痧，只是所用的工具为顶针，而不是刮痧板，上述病症用此方法也能收到同样的效果。此外，还通过食用各种野菜预防和缓解相关病痛。如肠胃上火时，可以吃苘麻菜、蒲公英、苦麻子、苦乐芽等；妇女经血不调时，用益母草熬水喝；鼻子出血时，用白茅根和白茅花熬水喝；肚子凉、肚子疼时，用干艾叶，下放面饼，放在肚脐上火灸；吃炖猪蹄，给哺乳期妇女增加奶水；吃鸡内金，用来消食化滞；喝姜汤，去腹中寒气；用地椒、透骨草、老鹳草共同熬水洗腿，可缓解风湿性关节炎症状；咽喉肿痛时，用山豆根熬水喝。

自1961年庙宫水库开始修建、成立承德地区庙宫水库管理处起，庙宫村村民的就医条件开始逐步改善。庙宫水库管理处成立了水库医院，在当时的条件下其医疗设备和医术水平都是较好的，水库医院的服务范围不但包括水库和庙宫，还扩大到蓝旗卡伦乡、四合永镇、隆化县的张三营镇和唐三营镇一带。1973年，修建京通铁路（北京—通辽）的铁道兵进驻，卫生队设在庙宫村双梁子南坡下，其医疗水平和设备更胜水库医院一筹。庙宫人不出村就可就地医治一般性疾病。同年，庙宫村成立了村合作医疗室，设医生1人、药剂人员1人。此时，庙宫村域内有水库医院、铁道兵卫生队和村合作医疗室3家医疗机构，群众看病就医十分方便。

1976年，铁道兵撤走，卫生队随之撤出。1981年，实行生产责任制以后，因医生外聘行医，村合作医疗室停办。1995年，四道沟乡卫生院搬迁到横河子村，距离庙宫仅1500米左右，庙宫村村民又可以就近到乡卫生院看病买药。2000年，经上级批准，再次开办庙宫村卫生室。2006年，开办私人诊所1家。

为减轻农民经济负担，防止因病致贫、因病返贫，2007年国家推出了新型农村合作医疗制度，农民按照政策缴纳医疗保险金，看病时按比例报销。

截至2016年年末，庙宫村卫生室建筑面积260平方米，有执业医生1名；主要医疗设备有血压计、紫外线灯、血糖仪各1台，电子体温计1支，高压消毒锅1个。医疗人员主要对村民的常见病、多发病进行一般治疗，对村民进行各项体检。

风景名胜

庙宫村一带自然风光优美，山环水绕，草茂林幽，可谓一步一景，令人目不暇接。庙宫村人曾作诗以记："双尖崖口真山水，东西轿顶各一边。龙蟾结拜留冰洞，空谷传声应后山。"

庙宫村一带曾是清代康熙、乾隆、嘉庆三位皇帝进入木兰围场举行"木兰秋狝"的东大门，史称"伊逊哈巴奇围"，俗称"东崖口"。其标志性的古迹有东庙宫、《入崖口有作》诗碑和《木兰记》碑，即"两碑一庙"。在"文化大革命"期间，两座石碑受到不同程度的损坏，东庙宫则被拆毁。1982年后，"两碑一庙"陆续得到修复，并得到重点保护。其中，两座石碑被列为全国重点文物保护单位，东庙宫被列为河北省省级文物保护单位。

双峰开霁烟，一水流潺湲。翠叶复黄葩，高低入影妍。

⊙“东崖口”山水四景

古崖口 从距庙宫村正南偏西方向约2千米的地方起，是清代皇帝“木兰秋狝”时进入围场的东大门，即“东崖口”。

这里，伊逊河东、西两岸各有一座山，山头下面石崖围拢，上面土石堆尖。西面的山形似草帽，称草帽子山；东面的山犹如一个巨龟卧地，故称王八盖山。两山相对，崖壁相迎，这就是古崖口的山门。乾隆皇帝“木兰秋狝”时在诗中曾言“九曲伊逊水，双尖崖口山”[①]，其中的“双尖崖口山”指的就是山门的这两座山。

崖口西边的草帽子山，至今“峰颜未改”。此山的石崖叫罗圈砬子。崖口东边的王八盖山顶，在20世纪修建京通铁路时建成了铁道兵烈士陵园。陵园四周的山坡栽植了黑松，已葱郁成林。山门之间的河谷平地，在清代埋有松木桩，桩上刷红漆，称为“红桩”，是进入木兰围场的界标。桩空地带

---

① 〔清〕查美荫、谢霖溥纂修：《围场厅志》（光绪三十四年本），卷首四·天章二·高宗御制诗《入崖口·己卯》。

崖口风光（2016 年）　　李艳军　摄

有河柳，以柳条编成栅栏，称为“柳条边”，以此限制人们擅入皇家猎场。如今，河谷地带的伊逊河两岸仍有河柳。“依崖置木分疆界”[①]，就是嘉庆皇帝描写此处“红桩”和“柳条边”的诗句。登临扼守围场南大门古崖口的双山，可远看群峰耸峙，可俯瞰伊逊九曲，可观铁路大桥，可闻机车长鸣。

进入古崖口山门，逆伊逊河北上，河两岸山势陡起，石峰兀立，崖壁断山。山岭交错围堵河道，河水绕山弯曲流出，形成了两侧山出四道岭，伊水绕山五个湾的独特风光。首先，东岸山脉伸出一条峻岭，直奔西山而去，大有卡死河道之势。其次，向北600 米左右，立仞如冠的西山也伸出一道石岭，向东山奔去，再次形成卡死河道之势。再往北，东、西两山脉又各自伸出一条臂膀，阻拦奔腾南下的伊逊河水。如此反复拦截河水，使伊逊河水东绕西转，曲折而出，形成了罕见的“九转伊逊一径通”[②]态势。清代“木兰秋狝”时，秋狝队伍从崖口北上要涉水过这五道河，才能走出崖口进入围场。所以，根据河水的走向和从南到北的河湾，便取了“头道河子”“二道河子”……直至“五道河子”的名字。

① 〔清〕查美荫、谢霖溥纂修：《围场厅志》（光绪三十四年本），卷首六·天章四·仁宗御制诗《出崖口》。

② 〔清〕查美荫、谢霖溥纂修：《围场厅志》（光绪三十四年本），卷首五·天章三·高宗御制诗《入崖口》。

清朝乾隆皇帝的《入崖口有作》诗碑，嘉庆皇帝的《木兰记》碑，以及嘉庆皇帝敕建的东庙宫都建在古崖口之内。国家水利风景区——庙宫水库的大坝和部分库区也在古崖口之中。

东、西轿顶山 自草帽子山向北，庙宫的西山山势急速抬升，坡度越发陡峭，到距离东庙宫西南约1000米处，山顶的石崖呈长方体状，犹如轿子的顶盖，故得名西轿顶子山。西轿顶子山下的山体是裸岩峭壁，再往北便是石峰林立、峭壁横生的险峰峻岭。西轿顶子的形状又像是僧人头上的僧帽，又名僧帽山。从王八盖山北上，越过围拢庙宫土龙岭的脊背，庙宫东山的山势也突然挺拔起来。高耸的第一个峰便是东轿顶子。东轿顶子的形状，顾名思义，也像轿子的顶盖。因位置在庙宫东边的山脉上，所以称东轿顶子山。其山虽然没有西边的山势险峻，但也是山峰高耸，连绵起伏。

东、西两个轿顶子山在弯曲的伊逊河两岸、庙宫的两侧遥遥相对，犹如两乘轿行走在庙宫的两边，引领着东、西两条山脉前行。举目望去，不免让人浮想联翩、流连忘返。

龙蟾结拜峰与千年冰洞 从草帽子山下的旅游公路北上，过《木兰记》碑，到西轿顶子山下，从头道河子水泥桥过河，便来到环抱庙宫土龙龙头的唇边。站在此处向庙宫西山望去，在伊逊河触山拐角处，千年冰洞的上方有一座突起的石峰，从河边拔地而起。一峰两景观，北面的像一个巨型蟾蜍，面向西、头向上，似在张嘴说话；南面的如一条龙盘旋而上，头向上、面向西，也似在张嘴说话。两景处于同一座石峰，但石色却不一样，龙岩石色发红，蟾岩石色发青。在龙岩面向的西方，还有三座石峰等距矗立，犹如三炷香。相传当年康熙皇帝御封三足金蟾为“塞罕佛”之后，为感谢“塞罕佛”的救驾之恩，选址此地，面向西天佛祖插香三炷，结拜为异姓兄弟。在修复嘉庆皇帝所建的东庙宫时，根据这一说法，塑造塞罕佛铜像时给他着了清装。此景在庙宫

龙蟾结拜峰（2017年） 孙兆岭 摄

千年冰洞南的冰瀑（2015 年）　　王虎　摄

村西南约 700 米。

龙蟾结拜峰底部便是千年冰洞。洞底与河床相平，洞身嵌在龙蟾结拜峰底部岩壁中，是庙宫村地域内最大的山洞，又称“大洞”。此洞高约 10 米，深约 12 米，宽约 7 米。洞内常年滴水，冬季滴水成冰，结出形状各异的自然冰雕，千姿万态，美不胜收。每年的初夏季节，洞内的残冰犹存，所以当地人又叫它“冰洞”。有人认为此洞内有神灵，大旱之年有村民在此洞前进行过求雨祭祀活动。在此洞北侧相距 10 米左右，还有一个相当于冰洞三分之一大小的小洞。据说这两个洞是龙蟾结拜时住过的洞，大洞是龙洞，小洞是蟾洞，二神出洞后在此结拜。

龙凤吐珠　站在去往庙宫中桥的西桥头，环顾四周，就可以发现古崖口庙宫总的山水态势，东山自太后梁北起，呈弧形从东到西环绕，群峰蜿蜒起舞，栩栩如生，像一条巨龙盘卧在古崖口东北、正东、正南及西南。东庙宫后的石山连同身后的整个西山，如同一只巨凤展翅欲飞。其中，庙宫的后山像凤凰的身躯，身后的西山如凤凰的双翅，山头上的石仞如同凤凰头上的冠子。在凤头的两侧，还有两颗“珍珠”，一颗在庙宫中桥的东侧河边，一颗在庙宫正南的河北边。两颗“珍珠”实质上是两个圆形的石崖包，顶盖上有少许的土层，长有蒿草。但它的位置很特殊，生在远离山体的河边

凤凰展翅（2015 年）　　李艳军　摄

平地上，无依无靠，不禁令人浮想联翩。一龙、一凤、两颗珍珠，形成了“龙凤吐珠”的奇异景观。

20 世纪 70 年代初，在修建京通铁路之前，每到晚间，村民常常会听到庙宫西山从南至北发出“隆隆”之声，似火车的车轮声滚过崖壁，又似雷声响彻山谷。在庙宫村，这声响相传是龙凤吐珠相戏而发出的声音，难怪庙宫人曾在诗中说“空谷传声应后山”。

链接：“东崖口”的柳条边、木栅和红桩

清代木兰围场作为皇家猎苑，其平时的保护并不仅仅依靠驻防士兵，其四面还以植柳为界，称“柳条边”，即“木兰四面树栅，界别内外”[①]。庙宫一带作为行围队伍出入木兰围场的最重要门户，当然也在周边谷口设有柳枝栅栏，以限制人们偷入围场盗猎野兽、盗伐树木。

① 〔清〕查美荫、谢霖溥纂修：《围场厅志》（光绪三十四年本），卷之十四·围场规制。

木兰围场的“柳条边”是仿盛京[1]围场而设置的。乾隆皇帝在乾隆二十九年（1764）所写的《柳条边》[2]诗中说：

盛京柳条边，木兰建一致。
彼乃亘界设，此惟据要置。
所以限内外，事殊实同意。
周遮禽兽山，匪牟耕桑地。
麋鹿穽诚甚，雉兔往斯愧。
猎罢出崖口，柳条尚余翠。
守吏边外迎，孰不遵兹制。
犹然上古风，示此结绳治。

这一年“木兰秋狝”时，乾隆皇帝从今庙宫水库一带的伊逊崖口出围，见到植于周边谷口的“柳条边”柳丝婆娑、余翠婀娜，便在诗中与盛京的“柳条边”进行了对比。盛京围场和木兰围场的“柳条边”时异事殊但实际意义相同，都为护卫禽兽山林。但盛京围场的“柳条边”在边界上是连续不断的，而木兰围场的“柳条边”只设在一些重要的谷口之处。从此诗中，还可以看出当时木兰围场的盗猎情况还不多见。

乾隆三十八年（1773），乾隆皇帝在《入柳条边》[3]一诗中，再次重申了盛京围场和木兰围场的“柳条边”的差异。一是盛京“柳条边”连绵不绝，长达数百里，而木兰围场的“柳条边”因只设于谷口之处，每处不过半里；二是盛京“柳条边”是处于平地上的，而木兰围场的“柳条边”则是植在山上的。同时，该诗还再次强调了“柳条边”的示禁作用：

① 盛京：清留都，即今辽宁省沈阳市。
② 〔清〕查美荫、谢霖溥纂修：《围场厅志》（光绪三十四年本），卷首五 · 天章三。
③ 〔清〕查美荫、谢霖溥纂修：《围场厅志》（光绪三十四年本），卷首五 · 天章三。

盛京柳条边，延袤数百里。
木兰柳条边，长无半里耳。
彼施平地此依山，每因谷口为植援。
事半功倍聊示禁，遮罗崇岭，原周千里如雄关。
朝家习武有常例，非牟民产夺耕地。
流来雁户反侵占，不可无斯为限制。
春柳青青秋柳黄，入边咫尺即围场。
平原策马小试猎，非关心喜应自强。

其实，“柳条边”的作用基本只限于对盗猎的限制，在限制盗伐方面作用不大。所以，在谷口周边植柳为界的同时，还在进出木兰围场时车马必经的河口要道竖立木栅，各个木桩用绳索捆绑相连，以限制车马进出。《钦定热河志》（清乾隆四十六年奉敕撰）中的“围场全图”上就标有石片子正蓝旗营房木栅，位于今隆化县石片村与庙宫水库下游的伊逊河谷一带。《围场厅志》（光绪三十四年本）卷十四·围场规制·塔里雅图围场中记载：“在正蓝旗汗特穆尔卡伦之北，北接永安莽喀围场，南则伊逊哈巴齐栅。有碑一，恭镌高宗御制入崖口辛未诗。自此西折而南则石片子营房，所谓崖口者也。”这是对今庙宫村附近的木栅最明确的记载。从《围场厅志》的记载可看出，在清代，木兰围场周边河口要道竖立的木栅，至少有伊逊哈巴齐栅（位于伊逊河口）、英格栅（位于英金河口）、奇布楚沟栅（位于奇布楚河口）、阿鲁色呼栅（位于色呼河口）等13处。

“柳条边”和木栅的作用不过是示禁而已，只是在一定程度上起到了对围内牲畜和树木的保护作用，并不能彻底解决盗猎、盗伐这一问题。特别是嘉庆年间（1796—1820），百姓进入木兰围场内进行盗猎、盗伐的现象显然日益增多。嘉庆年间曾多次处理盗猎、盗伐事件。据《清仁宗实录》记载，防御乌尔衮泰曾于嘉庆十八年（1813）在木兰围场北哨门正黄旗锡拉扎巴色钦卡伦[①]红桩外抓获周万春等3人偷买木植人犯，交承德府审讯。嘉庆二十二年（1817）秋，嘉庆皇帝自圆明园启銮前往木兰围场。在驻跸东崖口的“伊逊河东御

① 锡拉扎巴色钦卡伦：狭窄的谷口，在今内蒙古自治区多伦县域内。

营”[①] 时，翼长富明考虑东崖口官兵稀少，恐怕巡缉不周，便派防御乌尔衮泰等带领兵丁前往该处巡查，抓获盗猎牲畜的人犯多名。次日，嘉庆皇帝下旨，翼长富明赏插花翎，防御乌尔衮泰赏戴蓝翎并加一级，领催常和赏银2两，兵丁31名每人赏银1两。同时，嘉庆皇帝还下旨，今后每次进东哨门时，要事先派员在西哨门巡查，进西哨门时，同样要事先派员在东哨门巡查。

清代木兰围场周围还设有“红桩”。

早在乾隆年间（1736—1795），木兰围场与今内蒙古自治区多伦县交界处，就有“乌兰哈拉哈”的地名。“乌兰”汉译为“红色”，“哈拉哈”汉译为“口”，合译就是“红桩之门”或“立有红桩的隘口”。在《围场厅志》中，“红桩”也称为“红栅”，其卷之十四围场途径中记载：“循围场北界红栅东行，至海拉罕达巴汉，度岭东南行，可达乌里雅苏台围场。”北界既有“红桩”，可知东、西、南界也有“红桩”，这样木兰围场才得以形成完整的保护范围。

参考《清高宗实录》中有关“红桩”问题的记述，木兰围场四周的“红桩”一般为松木，上面涂以红漆，每根木桩高度约八九尺，直径约六七寸；“红桩”之间的距离约150～200米，每处约为3～4根；“红桩”之外留火道

“木兰秋狝”时立“红桩”处（2015年） 李艳军 摄

① 也称“伊逊河东大营”，嘉庆年间又称“伊逊河御营”。

20 丈左右。由此可知，“红桩”并不仅仅是一种界别内外的界桩，还是一种防火的标志和警示。如今，这些“红桩”随着清朝的消亡早已荡然无存。

◉ 庙宫水库国家水利风景区

庙宫水库总库容 1.83 亿立方米，总面积 10.6 平方千米，其中水域面积 10 平方千米，是承德市唯一的一座大（2）型水库。该水库位于庙宫村与四合永镇交界处，从庙宫村向北行约 1000 米即可到达水库拦洪大坝。

2006 年，庙宫水库管理处依托独特的旅游资源优势和区位优势，按照水利部水利风景区建设的总体要求，全面实施了以水生态为核心的突出水利治山治水特色的环境修复工程。在高起点规划的前提下，本着生态园林分区设置、水域山场功能配套、水环境与

庙宫水库国家水利风景区（2017 年）　　侯延广　摄

远眺庙宫水库大坝（2017 年）　　孙兆岭　摄

生态环境和谐优美、水资源保护可持续利用的原则，全面开展了水利风景区建设。一是规划建设了200余亩的休闲观赏园、果品采摘园、原生态植物园；栽植了山桃、榆叶梅、连翘、绿叶小檗、海棠、牡丹、芍药等40多个品种的名优花卉；栽植了李子、苹果、苹果梨、香果等20多种特色果品树1.4万余株；栽植了松、柏、杨、柳、槐、榆等各种原生态景观树2.8万余株，实现了景区绿化美化全覆盖，形成了春来姹紫嫣红、夏至绿树滴翠、秋看硕果满枝、冬赏粉妆玉砌的美好景致。二是对依山而建、随坡就势、错落有致、掩映于葱翠山林间的7000平方米大型接待设施进行了星级配套，在满足"住"的条件的同时，兼顾了景观、建筑与自然的和谐统一。三是利用电站尾水渠开发建设了6.8千米漂流河道。四是加固扩建了两处船舶码头，配备了大型画舫和汽艇、摩托艇等水上游乐设施。这样，结合皇家古建筑东庙宫，形成了人文历史古迹区、水上游乐区、特色果品采摘区、宾馆接待区、园林区、垂钓区6个功能分区。是年8月，庙宫水库通过水利部水利风景区评审委员会的评审，入选第六批国家水利风景区。

2010年，与内蒙古尧盛菌业发展有限责任公司和石家庄乐水之都旅游有限公司分别签订了协议，总投资1070万元，合作开发漂流和高空滑索项目。年内，对电站尾水渠及下游河道进行了生态维护和工程配套设施建设，成功建成总长6.8千米的高标准漂流区。2011年，在库区上空架设高空滑索1200米，上述两个项目分别完成一期投资并开始运营。2012年，把毗邻漂流码头的坝下40亩林地升级改造成香果采摘园，形成了继

雾锁庙宫水库（2017 年）

百亩万株李子园之后的又一片成规模、上层次的采摘园区。在园林区周边新建竹、木围栏 1000 延长米，增加了景观灯数量，使园林景区更趋精致、生态环境更加完善。2014 年，在已有的漂流、垂钓、养殖、水上乐园等项目的基础上，与北京市旅游局、北京华世通汽车租赁股份有限公司合作，打造了以亲近自然、养生保健为主题的休养基地——碧水家园，项目经营内容以休憩休闲、养生保健为主。

庙宫水库是一处山水相依、动静相融的梦里水乡。这里，山因水而奇，危峰苍翠，怪石嶙峋，形态万千；水因山而秀，碧波如镜，倒影翩翩。

◉ 东庙宫

东庙宫的敕建 东庙宫是“兴安大岭神祠”或“敦仁镇远神祠”的俗称，总面积 2400.5 平方米，坐落于河北省围场满族蒙古族自治县南端的四道沟乡庙宫村，这里曾是清代康熙、乾隆、嘉庆三位皇帝进入木兰围场行围肄武的东崖口，距围场满族蒙古族自治县城 26 千米。

该祠建于嘉庆十六年（1811），是国内独特的宫庙合一建筑，即前殿为“庙”、后殿为“宫”，前殿和后宫共占地 1638.5 平方米。正门题额“敕建敦仁镇远神祠”。

庙内前殿是神殿，为高宇轩敞斗拱飞檐式画栋雕梁三大间通厅，一门两窗镂花剔线，天棚望板图案或五福捧寿，或六合同春。廊檐恭悬匾额为嘉庆御书“崇镇周陆”，其“陆”字原意为行猎范围或所为之圈，此指“木兰围场”。中间正座原供“塞罕佛”

侯延广　摄

东庙宫古木参天（2017 年）

侯延广　摄

东庙宫的前殿和后宫（2017 年）　　侯延广　摄

牌位，也称“塞北佛”，为木制，高 5 尺，莲花边，墨底，阴刻金字，下有底座，牌位前有香案、香炉。“文化大革命”期间，东庙宫被严重破坏，2006 年重建后改为供奉兴安大岭神像，着清代官服、官帽，左右侍立两个满族官服装束模样的小童。前殿在神座后面有一后门，直通后殿。

后宫是皇帝在前殿拈香祭神后临时小憩或更衣的处所，又称“行殿”或“行宫”，内有屏风、龙椅、龙床。同前殿的建筑风格一样，后宫也为一门、两窗、三大间通厅，只是无后门。廊檐恭悬嘉庆皇帝御书“缵功致祷”和“上兰别墅”两块匾额，其中，“上兰别墅”匾额在修复东庙宫时未曾恢复。“上兰”，即指“木兰围场”；“缵”，意为继承或延续，是嘉庆皇帝决心继承祖先“岁举秋狝”“肄武绥藩”功业的一种表白。

前殿两端各有洞门通往各占地 381 平方米的东、西跨院。跨院各有配房 6 间，是供随驾皇后嫔妃与内侍临时休憩和候旨之所，平素则为护守庙宫的人员居住之处。东、西两个跨院也各有便门，通往庙前广场。

整个庙宇坐北朝南，四周以宫墙相围。

东庙宫内外现存古松 74 株，高达数丈，枝繁叶茂，已有 200 余年的历史。庙门前原有木质大旗杆 2 根，高 7 米左右，根部直径约 40 ~ 50 厘米，根部围有石座，高约 1 米，重建时未曾恢复。

嘉庆二十二年（1817），嘉庆皇帝又在木兰围场的“西崖口”，即今隆化县步古沟镇西庙宫村敕建“协议昭灵神祠”。该祠位于“敦仁镇远神祠”西侧 60 千米处。因两祠一东、一西，故“敦仁镇远神祠”俗称“东庙宫”，而“协议昭灵神祠”俗称“西庙宫”。

1982 年，东庙宫被河北省人民政府列为省级文物保护单位。

东庙宫的破坏与保护　嘉庆年间（1796—1820）修建东庙宫后，其管理由驻防八旗官兵负责，并设有专人看护。具体看护人虽然没有确切的文字记载，但从围场满族蒙古族自治县档案馆收藏的几道清代圣旨看，当时看护东庙宫的有关人员还曾受到过皇帝的封赏。

20 世纪 30 年代，日本侵略军占领围场后，日伪政府实行“集家并村”前，看庙人叫赵老六（原名不详），为隆化人。后由刘义接手，也是隆化人，一直到 1947 年。当时看庙人没有报酬，可以免费种植东庙宫前后的香火地，收获归看庙人所有，面积有 6 亩左右。1947 年后，东庙宫先后由依和尚（原名不详）、崔忠秀看护，直到“文化大革命”前期，东庙宫从房舍到设施基本保存完好。

1966 年 8 月，围场县各中学学生纷纷走向社会“破四旧”①。9 月，全县各区、社均掀起“破四旧”高潮。1967 年，乾隆、嘉庆年间所立的“七通碑”② 均遭到不同程度的破坏。庙宫村的《入崖口有作》诗碑和《木兰记》碑也受到一定的损坏。东庙宫除围墙外，只有西配殿 6 间房中保留了 3 间，其余房屋均被拆毁，其木料、砖瓦等均被用于其他建筑，庙前的旗杆及底座也被毁掉。此时，崔忠秀仍在西配殿居住。1973 年，修建京通（北京—通辽）铁路的铁道兵部队入驻庙宫村，因 36 团团部设在东庙宫内，铁道兵将原西配殿保留的 3 间房拆除，崔忠秀搬出，到庙宫大队饲养处居住。1974 年，因崔忠秀看庙时间最长，且孤身一人，庙宫大队将其作为五保户分到第一生产队供养。至 1978 年铁道兵撤离期间，东庙宫无专人看守。1979 年，围场县文物管理部门派岳俊华看护东庙宫。1982 年，东庙宫被河北省人民政府列为省级文物保护单位后，岳俊华被文物管理部门确定为文物保护员，继续看守东庙宫。1987 年，岳俊华被调回围场。同年，县文物管理所聘用崔国军为义务文物保护员，一直到 2005 年东庙宫修复工程开工。

东庙宫修复前的旧貌一角　　王锡柱　提供

① 破四旧是指破除旧思想、旧文化、旧风俗、旧习惯。

② 指围场县内的《木兰记》碑、《古长城说》碑等 7 座清代石碑。

东庙宫修复工程施工现场　　　　王锡柱　提供

2005 年年初，引资 530 万元，经围场满族蒙古族自治县文物管理所批准，对东庙宫进行修复。工程历时一年，到 2006 年 7 月 8 日，除庙前旗杆和后殿“上兰别墅”匾额未修复外，其他工程全部完工。在东庙宫修复过程中，仿塞罕坝石庙子石雕“塞罕佛”坐像，将原“敦仁镇远神”牌位更换为塑像，并增加两位弟子站像，以紫铜铸就后镏金，共用紫铜 2 吨。

东庙宫修复后，经国家文物主管部门同意，在庙宫村和横河子村委会共同参与下，2006 年注册组建了围场木兰农业开发有限公司。该公司除对东庙宫进行管理，还经营乡村旅游业，以庙养庙。同年，该公司投资 360 万元，流转土地 136 亩，开发建设了塞北生态园。

2013 年 6 月，庙宫村村民委员会召开村民大会，对原村规民约进行修订，将东庙宫、《入崖口有作》诗碑、《木兰记》碑等 3 处历史文化古迹的保护列入新的村规民约，要求全体村民牢固树立文物保护意识，自觉抵制各类破坏古迹的行为。

◉《入崖口有作》诗碑

《入崖口有作》诗碑建于乾隆十六年（1751），它立于今围场满族蒙古族自治县四道沟乡庙宫村伊逊河南的小山顶上，此处是清代皇帝举行“木兰秋狝”时进入木兰围场的东大门，史称“伊逊哈巴奇”。

此碑是清代皇帝“木兰秋狝”时在木兰围场所建的第一块石碑。

诗碑完全按照纪功碑的型制和要求所建，碑体通高 4.95 米，由碑顶、碑额、碑身、碑座 4 个部分组成。碑顶上雕“四龙戏珠”，碑体雕有双龙，栩栩如生。碑文用满文、汉文、蒙古文、藏文 4 种文字刻于碑身 4 面，其中碑身正南面是汉文，为乾隆皇帝御笔《入崖口有作》五言诗，此诗作于乾隆十六年。

朝家重习武，灵囿成自天。
匪今而斯今，祖制垂奕年。
巉岩围叠嶂，崖口为之关。
壁立众山断，伊逊奔赴川。
秋狝常经过，每为迟吟鞯。
双峰开霁烟，一水流潺湲。
翠叶复黄葩，高低入影妍。
去年巡洛伊，伊亦有崖口。
三涂及七谷，较此夫何有！
一得考功诗，膻芗传至兹。
我为是崖叹，表章将待谁？
辛未秋八月木兰秋狝入崖口有作乾隆御笔

是年秋，乾隆皇帝奉皇太后从圆明园启銮，赴木兰围场举行第六次“木兰秋狝”。在经过“伊逊哈巴奇”即“东崖口”时，乾隆皇帝看到这里层峦叠嶂、松青桦白、伊水潺潺的壮观景象，不免回想起上年巡视河南的情景，那里虽然有洛水和伊水，有驰名的三涂、四岳、九州之险，但比起名不见经传的伊逊隘口，就如同没有一样。带着这样的感叹，乾隆皇帝在行围期间写下了《入崖口有作》这首五言诗，并刻于石碑上。

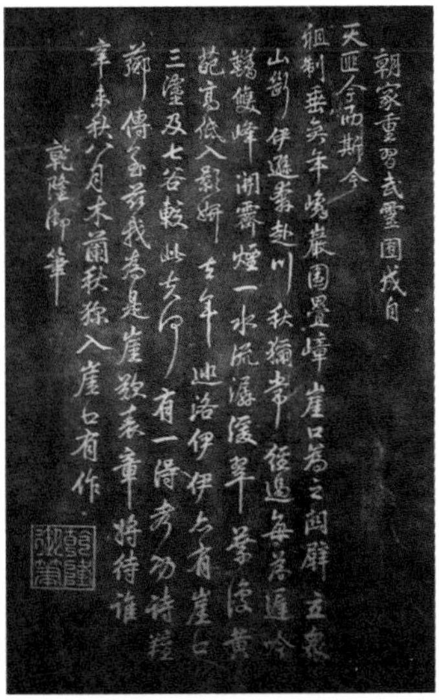

《入崖口有作》诗碑拓片

1982 年，《入崖口有作》诗碑被河北省人民政府列为省级文物保护单位。2013 年 5 月 3 日，国务院印发《关于核定并公布第七批全国重点文物保护单位的通知》，公布了第七批全国重点文物保护单位，《入崖口有作》诗碑榜上有名。

◉《木兰记》碑

《木兰记》碑建于嘉庆十二年（1807）秋，立于围场满族蒙古族自治县四道沟乡庙宫村伊逊河西岸，依山面水，隔河与乾隆《入崖口有作》诗碑遥遥相对。

此碑碑形与《入崖口有作》诗碑相同。碑身通高5米，碑文为汉文、满文两种文字书刻。其中正面镌刻汉文《木兰记》一文，为嘉庆皇帝御笔。

木兰记

木兰者，我朝习猎地也，旧为蒙古喀尔沁、翁牛特部落游牧之处。周环千余里，北峙兴安大岭。万灵萃集，高接上穹，群山分干，众壑朝宗，物产富饶，牲兽蕃育，诚诘戎讲武之奥区也。洪惟圣祖，岁幸行围，诸部云集，神武聿宣，德化深洽，遂献斯地，开亿万年之灵囿焉。皇考敬法前谟，自乾隆辛酉岁举秋狝大典，内外扎萨克群拱环卫，圣恩深厚，诚心感戴。暨平定西域，都尔伯特、土尔扈特、青海、乌梁海、回部，归化向风，分班随猎，咸瞻天弧，所发无不命中。永矢畏怀之朓诚，常作皇清之蕃服，猗欤盛哉！予小子景仰皇猷，宿聆庭训，敬循旧典，岁诣木兰行围，自知骑射远不及我皇考于万一，然此寸心，则不敢不强勉，实不敢怠惰偷安，稍辜三年朝夕之慈诲。是以躬率诸王子近支孙曾辈行围习猎，而诸部落仍如昔日，左右趋扈，益仰考泽感人之深，弥殷五内之孺慕矣。夫射猎乃本朝家法，绥远实国家大纲。每岁秋狝不逾二旬，驻营莅政阅本，接见臣工，一如宫中，不致稍旷庶事。岂耽于盘游贻五子之讥哉？盖人之身，舍劳就逸易，戒逸习劳难；承平日久，渐恐陵替。守成之主，不可忘开创之艰；承家之子，岂可失祖考之志。木兰秋狝，为亿万斯年世世子孙所当遵守，毋忽之常经。敬阐我皇考避暑山庄后序之深意，述予承先启后之诚衷云尔，是为记。

嘉庆十有二年岁在丁卯季秋月　御笔

嘉庆十二年秋，嘉庆皇帝从圆明园启銮举行第三次“木兰秋狝”。在木兰围场行围

《木兰记》碑（2017 年）　　侯延广　摄

后回銮时，驻跸今庙宫水库一带的“伊逊河东御营”。行围期间，嘉庆帝写下了《木兰记》一文，并镌刻于石碑上。

《木兰记》在简述木兰围场的地理特点、来历的同时，重点记述了康熙、乾隆时期“木兰秋狝”的盛况和各少数民族王公到木兰围场“分班随猎”的重要史实，反映了各民族人民的空前团结与和睦。文中还揭示了清廷把“木兰秋狝”定为家法，把“绥远”作为国家大纲的政治实质，进而告诫后世子孙永远不要忘记举行“木兰秋狝”的重大意义。

1982 年，《木兰记》碑被河北省人民政府列为省级文物保护单位。2013 年 5 月 3 日，《木兰记》碑被国务院列为第七批全国重点文物保护单位。

灵山秀水（2016年）　　李艳军　摄

风土民情

庙宫村原有村民多为清代驻防庙宫一带的满族八旗官兵后裔。清同治元年（1862），清廷开始放垦围荒后，河南、山东、山西、辽宁、内蒙古等地及河北省内其他市县的外地人大量涌入，使庙宫村成为满族、蒙古族、汉族群众杂居之地，各种民族文化和生活习惯在这里交融糅合，形成了融合各地风情又独具本地特色的风俗习惯。由于各地区的语言相互渗透，使庙宫人的语言中掺杂有大量的各地方言。

庙宫村地处冀北山地之中，植被较好，水量丰富，有种植莜麦、荞麦的历史，蕨菜、苦乐芽、哈拉海等山野菜极宜在山间谷地生长。此外，这里地处“中国马铃薯之乡”“河北马铃薯之乡”围场满族蒙古族自治县的南部，其所产的马铃薯也声名远播。

围场之土风民俗有与京畿从同者亦有略异者，盖地虽边塞而与燕蓟只隔长城，固为畿辅首善之所。

◉ 岁时习俗

跑老毛子 农历正月十六日是庙宫村人“跑老毛子”的传统日子。这天早晨，各家各户的孩子们都要早早吃饭，然后或独自或结伴到各家各户去讨要过年时没有吃完的各种好吃的食物。每到一家，主人都必须把各种各样的食物拿出来放在孩子们的小筐里，食物多为年糕、豆包、馒头、肉、豆腐和各种调料，以及糖、花生、瓜子等。这时候，孩子们不必客气，看到什么食物就要什么食物，给什么食物就要接什么食物，而主人也不可小气，有什么食物就要给什么食物，能给多少就给多少。然后，大大小小的孩子们和年轻人聚到一起，带上锅瓢碗盏去野外，一起动手捡柴、支锅、熥馍、做汤、炒菜，最后一起把“讨”来的食物通通吃光，即“吃百家饭，纳百家福”。这个过程不拘地点，但一定要在野外进行。庙宫村的孩子们最喜欢去的地方是西山的千年冰洞，因为在冰洞里做饭更安全，没有山风的搅扰，不会失火，而且冰洞内石崖上渗出的山水结成巨大的冰块，可以直接刨冰做饭，不必从家里带水过来。为什么叫“跑老毛子”呢？“跑”的意思就是跑到各家各户，跑来各家各户的福气；“老毛子”的意思就是老到白头。可见，“跑老毛子”的

“跑老毛子”现场（2015 年）　　王锡柱　摄

完整意思就是“跑”到白头，“跑”到老。庙宫村人相信，孩子们年年吃百家饭，年年不生病，年年免瘟灾，可以顺顺当当、平平安安活到“老毛子”。

给树过生日　每年农历腊月初八是“腊八节”，俗称“腊八”。这一天，庙宫村人和许多地方一样，要用红枣、核桃、红豆、黄米等熬腊八粥。庙宫村人熬腊八粥并不只是为了敬神祭祖，更普遍的是给树过生日。在庙宫村，冬天每天通常只吃两顿饭，第一顿基本是在上午 10 点左右，而第二顿基本是在下午 4 点左右。但腊八这天，一大早家家户户就已经灯火通明，屋顶上冒起了炊烟，远远近近飘出的都是腊八粥的香味。太阳还没有在山顶上露头，各家的腊八粥就已经做好了。这时候，就像过年贴对联、放鞭炮时一样，各家各户的大人、孩子都端着腊八粥喜气洋洋地出了屋，来到自家园中的树前，先用小刀在树干上割出个小口子，然后把腊八粥抹在“口子”里，再把一条红布缠在树干上。这样，就算给树过完了生日。这个过程一定要在太阳升起前完成，然后一家人才能吃腊八粥。庙宫人相信给树过生日，来年就会多结果实，而且树吃了腊八粥，结出的果实会更甜。至于这一天为什么是树的生日，没有人能够说清楚，只知道这是祖辈传下来的老传统。正是因为庙宫人相信“腊八”这天是树的生日，所以这一天还有“腊不倒”的老规矩，不论是不是自家的树，这一天树都是不能被砍倒的。

祭“大岭” 从前，庙宫村每年农历四月初一都要举办庙会，庙会的主题是祭“大岭”。“大岭”就是“兴安大岭佛”，也就是“塞北佛”。

举办庙会，至少要准备一个月左右，要请戏班子，搭戏台，备办祭品，比较有名的是“刘琢子”的戏班子。农历四月初一这天，附近十里八乡的村民都会到庙宫村参加庙会，庙会场面很大，很热闹。庙会的戏台搭在东庙宫的前面，对着东庙宫的正门。最早是用两个大车，把 4 个车轱辘固定住，竖着插上木杆子，再横着绑上木杆子，形成用木杆子铺成的台面，最后再用炕席等物件搭个棚子。后来图省事，就建了一个土台子。

庙会开始时，唱戏的所有演员都得扮上妆，从台上下来，进庙里给“塞北佛”磕头烧香；村民也会到庙里摆上供品，烧香磕头。供品一般是一只活羊，待上完供后就可以牵回村去宰杀，全村人一起吃。演员们烧香磕头后，就回到戏台上开始唱戏。第一天要唱神话传说题材的戏剧，比如《宝莲灯》等。第二天后就不再受限制，但大都是一些古代戏剧，比如《大登殿》等。唱戏一般要持续 5 天，最少时 3 天。戏台西边的空场可以

庙会现场（2015 年）　　王虎　摄

停车，那时多为铁瓦轱辘的马车或牛车，再边上是做买卖的地方，人们在看戏时可买卖物品和吃饭。

有时，还有人在戏台的旁边搭个布棚，说唱劝善经，以鼓点或竹板声等作为伴奏。其内容就是宣扬歌颂忠信、礼义、仁爱、孝悌等美德，揭露鞭挞贪婪、淫邪、凶狠等不良品德，以及酗酒、赌博等不良行为。

庙会到1947年围场县第二次解放后停止。“文化大革命”时，祭祀“塞北佛”的戏台也被拆掉。2006年，东庙宫修复后，祭“大岭”的风俗又开始兴起，只是时间改为农历六月十三日。农历六月十三日是“龙王节”，也叫“雨节”，庙宫人举办庙会既是祭龙王，祈求风调雨顺，也是祭“塞北佛”。其庙会的主要程序基本与从前相同。但如今的排场更大，不但附近各村的村民都来参加，远至承德、北京等地的人也会前来祭祀。行善的人还专门搭棚做饭，向人们舍粥、舍馒头。

过五月节　庙宫村人把农历五月初五端午节称为“五月节”，是大家非常重视的一个节日，有许多传统习俗。这一天，每家都要吃粽子纪念爱国诗人屈原；家家户户都要在门口挂红葫芦，在门上插艾草；每个小孩子都要腰挂香包，手足系上五色线，脖子上挂长命锁；要用露水或山泉水洗眼。这些风俗显然都与祛病除灾，祈求身体健康等相关。但庙宫村人还有一个说法，说清代八旗军是农历五月初五这天早晨到围场守围的，所以“五月节”也有纪念八旗军来守围的意义。这天早晨天不亮时，只要有马的人家，都要在马身上拴上红色丝线，牵到野外青草最好的地方，让马自由自在地吃着带着露水的青草，直到接近中午时才可以牵回。这是因为对于八旗兵而言，没有什么比马更重要的。

近三四十年以来，庙宫村人上述的有些习俗也在悄悄发生着变化。有些年轻人往往提前准备好一些食物，在前一天晚上或夜间就结伴上山玩耍，有的还在山洞中燃起篝火，一直到清晨，然后用露水或山泉水洗脸洗眼、采艾蒿后赶回家中，再把马放到野外。

冬不推　庙宫村的“冬不推”习俗由来已久，意思就是在立冬这一天不能推碾子。

过去，没有机械加工粮食，人们是利用石碾来脱皮和粉碎粮食的，比如把玉米脱皮碾成玉米面或玉米碴，把谷粒用碾子滚压去皮成为小米等。但在立冬这一天，庙宫人不做这些事。因为他们认为，从立冬这一天起，“秋收”就结束了，“冬藏”也就开始了。大地上草木枯零，蛰虫伏藏，万物的活动都渐渐休止进入冬眠状态，以此来养精蓄锐，为来年春天的生机勃发做准备。“三春不赶一秋忙”，已经劳累了一个秋天，推碾子又是一个很费力气的事，应该休息一下了。所以在庙宫人看来，这一天也是“冬闲”的开始。不过，庙宫人这一天不推碾子，还有另一个原因，就是怕“着贼”，所谓“着贼”就是被“贼”偷去或抢去。相传过去有土匪的时候，有些土匪专门等到人们把粮食碾好了再来偷或来抢，免得偷去或抢去没加工的粮食没法吃。

20 世纪 90 年代后，加工粮食都用机械了，但大多数庙宫人在立冬这一天还是不加工粮食。不仅如此，许多人在这一天中，其他比较累的活也尽量不做。

◉ 饮食风俗

无酒不成席

庙宫村村民沿袭北方人的传统，饮酒多为白酒，且喜欢高度白酒。新中国成立前，大多数人因为贫穷平常喝不上酒，但每逢红、白喜事，还是千方百计凑点小米，到县城去换点白酒。新中国成立初期到改革开放以前，虽然生活有所改善，但由于并不宽裕，或受到买酒需要“酒票”等限制，大部分村民仍很少喝酒。改革开放以来，生活日益富裕，啤酒、红酒和低度白酒也大量上市，而庙宫村村民还是以饮用高度白酒为主。

花官钱，喝凉酒，早晚是病　这句话有两个意思：一是花官钱买酒喝，身体上迟早会出问题；二是花官钱就像喝凉酒一样，工作上迟早会有麻烦。过去把“花官钱”也叫“花官饷”，意思是花公家的钱。庙宫人认为用公家的钱吃吃喝喝本身就不地道，早晚是麻烦事。如果再喝的是凉酒，那就更会出问题了。这个“病”字，既指的是糟践身体，容易得病，也指的是惹是非、贪官司。所以，每当喝酒时，特别是冬天喝酒时，庙宫人往往要把酒温一温，尤其是更要把老人的酒温热了才能喝。庙宫的年轻人喝酒时，老辈人总不忘用“花官钱，喝凉酒，早晚是病”这句话来叮嘱，这既是对年轻人身体的一种关心爱护，同时也是一种告诫，让年轻人守本分、守规矩，不要做占公家便宜的事。

饭前一杯酒　庙宫人喝酒时很重视吃饭，认为只喝酒不吃饭是伤害身体。吃饭前，杯中倒满酒，不喝酒的人也要倒满水，边闲聊边等着上饭。饭一上来，大家便一起举杯，一饮而尽，这就是“饭前一杯酒”。“饭前一杯酒”也叫“团结酒”。这样，大家就是共同喝、共同吃，也表示“有福同享”之意。不过，如果是吃饺子，那就另当别论了。庙宫人有“饺子酒，饺子酒，边吃边喝啥都有”之说，所以只要煮好了饺子，就可以马上端上来，大家边吃饺子边喝酒，称为“饺子酒”，不必等到喝完“饭前一杯酒”再上饺子。这是因为饺子呈“元宝”形，象征着财富，象征着生活蒸蒸日上。当然，这也与饺子煮好后不能久放有关。因为煮好的饺子如果不马上吃就会粘在一起，很容易破漏。破坏了饺子的完整，等于“元宝”的破碎，这是庙宫人所忌讳的。

筷子不乱动

庙宫村人吃饭时使用筷子有许多讲究，无论在家、在外用餐，筷子都不能横、竖、单、乱、点、嘬、敲。

筷子不能横　吃饭时，需要放下筷子或已经吃完饭，筷子要放在碗的右侧，不能横放在碗上或搭在碗边上。庙宫人认为，筷子横放在碗上或搭在碗边上都是乞丐的做法。

筷子不能竖　吃饭时不能把筷子竖插在碗里，不仅自己不能这样，如果别人递这样的饭碗也不能接受。

筷子不能单　吃饭时不能用单只筷子挑菜或扒饭。

筷子不能乱　筷子摆放要整齐。摆放不整齐，是不吉利的。

筷子不能点　吃饭时尽量不要说话，需要说话时，不能拿着筷子指向别人或指指点点。庙宫人认为，这样做是极不礼貌的，等于是在骂人。

筷子不能嘬　吃饭时不能把筷子放在嘴里嘬，更不能嘬出声音。这样做会被庙宫人视为没有教养。

筷子不能敲　吃饭时不能用筷子敲击碗边或其他东西，这样做会被庙宫人认为“穷气”，但如果是在饭桌上用筷子敲击做游戏的除外。

饭碗不乱端

庙宫村人吃饭时要用一只手的大拇指卡住碗边，其余4个手指托在碗的底部。吃完饭时，要轻轻把碗放在桌上，碗不能随便扣、托、转。

碗不能倒扣　吃完饭时把碗倒扣在桌子上，庙宫人认为不吉利，只有病人吃完药才把碗倒扣上。此外，倒扣碗也会被认为饭做得不好，是抗议饭不好吃。

碗不能平托　吃饭时不能用手掌平托碗底或攥着碗边，庙宫人认为这是乞丐之相。

碗不能乱转　吃饭时饭碗要端得稳，不能左转右转，尤其是在别人家吃饭。乱转饭碗会被认为是“赚”饭吃，是不搭主人的交情。

◉ 生活禁忌

年龄禁忌

庙宫村人在说年龄时会尽量避免使用他们认为不祥的数字。

忌说“66岁” 66岁时，庙宫人认为是老年人的一个“坎”，要给老人包10个饺子，一口一个吃下，“坎”就过去了。或者吃鲤鱼，此鱼能跳，鱼一跳就逃过去了。此外，还要由自己的女儿送一块肉来，让老人吃下去，这一关也就过去了。

忌说“81岁” 这一忌讳来源于“九九八十一”之说，庙宫人认为到了八十一，财数就到了尽头。

忌说“100岁” 在庙宫村，如果有人活到100岁，也只报99岁，说100岁是寿命的极限。

节日禁忌

忌外借物品 除夕之前，凡是外借的物品、用具等，都要一一收回来“过年”，在农历正月十五之前一律不再外借。这是因为人们认为万物有灵，过年时，人要过年，物品也要过年。

过年时忌说不吉利话 吃年饭时不能说“没了”“吃完了”之类的话；饺子如果煮破了，要说“挣了”，不能说“破了”“坏了”等；蒸馒头蒸裂了也不能说“裂”，要说“笑了”。

过年时忌不贴对联 过年时，家家户户都要贴对联，叫贴“对子”，不贴“对子”被认为不吉利。

农历二月初二忌动刀 庙宫人说农历二月初二是龙抬头的日子，不能动刀，否则会割断龙的脖子。所以，农历二月初一的晚上就要把菜切好，把一切要用刀的事情都做完。

新婚禁忌

婚姻是人生大事，是大喜事，庙宫村人十分重视办喜事，所以办喜事非常隆重，禁忌也较多。

婚服忌旧 无论经济条件好坏，男女都要穿新婚服，若着旧装，则不吉利。做新婚服时，要由女方选吉日，并请儿女双全的人帮忙裁剪。新婚服一般不缝口袋，以免把娘家财气、福气装走。婚服要用一块整布裁制，不能用两块布缝接，取“从一而终”之意。

新房忌空　新婚前，布置好的新房不能空房，婚床也不能空着，要有人住在新房里。新婚一个月内也不能空房，女方回娘家，也要在午时后回婆家。

新婚洞房忌灭灯　洞房花烛夜不能吹灭灯或关电灯，要一夜长明。“长明”即取“长命”之意。

衣、鞋忌压　新郎、新娘上床安寝时，一方的鞋不能压着另一方的鞋，衣服也不能叠放在一起。庙宫人认为，这样夫妻才能和睦相处一辈子。

◉ 方言农谚

方言土语

庙宫村的方言土语主要体现在对人的称谓，对时间、事物以及人的性格、行为等的表述上。

时间方面

夜了个、夜个（昨天）

今个（今天）

明个（明天）

头晌（上午）

晌午或晌火（中午）

过了晌火或晌火歪（过了中午）

过晌（下午）

太阳卡山或擦黑儿（傍晚）

后晌（晚上）

事物方面

山药（马铃薯）

棒子（玉米）

疙瘩白（卷心菜）

老爷转（向日葵）

马勺（炒锅）

茅楼（厕所）

洋火（火柴）

老爷儿（太阳）

铺盖（被褥）

勃楞盖（膝盖）

餍亮盖（额头）

屁股或腚（臀）

胳肢窝（腋窝）

芝麻糊（眼屎）

旮旯（各个角落）

花哨（颜色鲜艳）

乌了巴凸（温度不高）

哈喇子（口水）

手指盖（指甲）

胰子（肥皂）

白果（鸡蛋）
洋柿子（西红柿）
婆婆丁（蒲公英）
老婆子花（毛骨朵花）
沟脑（沟的尽头）
赁道（规矩）
家巧儿（麻雀）
老鸹（乌鸦）
起秋（喜鹊）
老鹞子（鹰）
曲虫（蚯蚓）
长虫（蛇）
跑栏子（公猪）
嘎嘎（仔猪）
牤牛（公牛）
儿马（公马）
骒马（母马）
叫驴（公驴）
草驴（母驴）
嘎拉哈（猪后腿骨）

性格、行为方面

噘人（骂人）
嚼舌头根子（搬弄是非）
赔不是（赔理）
摇道（说话没谱或事多）
说道说道（讲道理）
聊天把戏（说谎）
侃大叉（说大话）
磨叽（说话啰嗦）
走板儿（说话做事偏离了方向）
约莫（估计）
嘀咕或叉咕（轻声说话）
干仗（吵架、打架）
加镖子（说话添油加醋或无中生有）
惺应人（声音大使人心烦）
摆鼻或摆轴（发脾气闹别扭）
膈应（讨厌）
挣命（胡闹）
诈尸（乱摔乱跳）
缠歪或腻歪（孩子总缠着大人）
抽大烟（吸毒）
嘲种（痴傻）
幺蛾子（馊主意）
拉饥荒（负债）
抖擞着（着凉）
收拾（惩罚）
扎咕（治病）
藏猫儿（捉迷藏）
二把刀（手艺不好）
贴对子（贴对联）
老去了（老人去世）
吹灯或吹灯拔蜡（不好的人死了）
魔怔（人不正常）
难揍儿（不好交往）
恼应（恶心想吐）
夜怔（人很可怜或没有办法）
待见（喜欢或招人喜欢）

背或点儿背（倒霉）	现眼（丢丑）
太山了（穿衣打扮土气）	糟践（损害）
埋汰（脏）	老凿或啃死猫子肉（办事认真或教条）
脑和（暖和）	秃噜（不守信用）
扒眼（看热闹）	没找出甜酸（没打赢官司）
哈喇了或馊了（食物变质）	搭梁了（饭不够吃）
寒碜或砢碜（不好看）	脸上挂火（没面子）

称谓方面

老娘婆（接生婆）	姑爷子（女婿）
老爷们儿或老头子（男朋友或老公）	老婆子（老妇人）
姥爷（外公）	丫头（姑娘）
姥姥（外婆）	炮筒子（冒失人）
大爷（大伯）	直肠子（耿直人）
老丈人（岳父）	罗锅儿（驼背人）
丈母娘（岳母）	香头（巫婆神汉）

民谣民谚

庙宫村一带作为清代木兰围场的“入崖口”，是一个草木茂密、野兽众多的地方，直到清代后期开围时仍然如此。新中国成立前，这里的居民生活穷困，很多村民饱受烟毒危害，经历了日伪时期的“集家并村”。 新中国成立后，村民一直以种植业为主，但大多也饲养家禽家畜，并在县内外做买卖。因此，其民谣民谚多与生活状况、农业种植、节气、买卖牲畜及狩猎等相关，其中许多民谚是人民群众在长期劳动生活中总结出来的经验，亲切自然，朴实无华，读来朗朗上口。

民谣

皇家猎场歌　皇家的土地皇家的天，皇家的园林皇家的山。七十二围皇上设，隔断行人隔断天。

皇家猎场歌　常闻鹿鸣豺狼啸，纵横千里少人烟。八旗看围卡伦驻，发财都是花翎官。不许百姓进围场，踩了寸草也蹲监。围死多少入围者，多少血泪多少冤。

开围歌　光绪皇上大恩赏，贵族跑马来占圈。占了一岭又一岭，霸去一川又一川。穷人垦荒尽牛力，缺吃少住又无穿。伊逊河水流不尽，一围佃户泪不干。

开围歌　草没黄牛鱼满河，搭上窝铺支起锅。豺狼藏在山林里，狍鹿黄羊转山坡。白天开荒熬日头，夜夜怕听虎狼歌。

分围苦谣　洋人瓜分国生灾，皇上无心打围来。分了围场官兵饷，八旗官兵乐开怀。老爷房院穷人建，兵租荒地穷人开。财主土地穷人种，财主花木穷人栽。租税压身常挨饿，村村户户泪满腮。

烟鬼十叹（选前五）　抽大烟上了瘾叹了第一声，想起了当初事后悔又伤心，在从前抽口烟无非解闷，到如今上了瘾不能把它扔。抽大烟穷掉底叹了第二声，少烟灯无烟枪找了个沙酒瓶，酒瓶上钻个眼插了个小笔管，点了个蜡头儿扣个破茶盅。抽大烟走出城叹了第三声，瞧见了屎壳郎有了救星，屎壳郎展翅飞出了怪事，眼睁睁烟泡儿成了精。抽大烟得了病叹了第四声，到时候不过瘾浑身骨节疼，躺炕上昏迷不醒叫也不应，一定是烟后痢小命要吹烟。抽大烟上烟馆叹了第五声，说是吃茶点心里担惊，断了顿就如同断了性命，犯烟瘾烧炕席又把墙蹬。

鬼子进山谣　鬼子进了山，百姓遭摧残。集家并村修部落，日子好像滚油煎。穷人盼望八路来，赶跑鬼子见晴天。

迎八路谣　迎八路，盼八路，八路来了有好处。有地种，有屋住，不用再当亡国奴。

开头难歌　万事开头难，创业如登山。山高也有羊肠道，水深也有摆渡船。

及时下种谣　老婆子花开杏花苞，蛤蟆产仔布谷鸟叫。

五土谣　春种墒土，锄耪浮土，犁匀沃土，多攒粪土，少贪地土。

相牲畜谣　远看一张皮，近瞧四个蹄，上前先晃眼，扒嘴再看曲。

相牛谣　一看全身定大体，二看四肢定快慢，三看头部定性情，四看门牙定年龄。

狩猎季节歌　九月的狐狸十月的狼，小雪过后好时机哟，设下枷套捉老黄。

民谚

冬不推（碾子），腊不倒（树木），二月二不铡草。

一过惊蛰，昆虫复活。

闰月年，早种田。

过了芒种，不可强种。

清明忙种麦，谷雨种大田。

春长没好天。

立夏不下，犁杖高挂。

该热不热，五谷不结。

初暑不拿头，割了喂老牛。

夏至无雨，仓里无米。

伏天没有雨，谷子没有米。

头伏萝卜二伏菜，三伏来了种荞麦。

老龙挡坝，不是阴天就是下雨。

天上钩钩云，地上雨淋淋。

天有骆驼云，冰雹要临门。

旱刮南风不下雨，涝刮北风不晴天。

庄稼佬，拔艾蒿，有白根，雨要到。

朝霞不出门，晚霞行千里。

云往东刮大风，云往北发大水。

风三风三，连刮三天。

庙宫，庙宫，十天九风，一天不刮，冷冷清清。

早晨下雨一天晴。

关门雨，下一宿。

先下牛毛没大雨，后下牛毛天不晴。

燕子低飞蛇过道，水缸出汗雨就到。

打得磨子雷，准挨雹子捶。

一年一个春，误了四季贫。

水土不出坡，粮食打得多。

浅栽蒜，深栽葱。

八月葱，九月空。

七月核桃八月梨，九月山丁子烂成泥。

秋天果园不翻耕，十个花芽九个空。

一日冬雪十日饭。

乳牛下乳牛，三年五个头。

寸草铡三刀，无料也上膘。

桃养人，杏害人，梨树下面埋死人。

◉ 美食特产

哈拉海与苦乐芽

哈拉海和苦乐芽都属于药食同源植物，广泛生长于山间沟谷之中。每到春天，庙宫村人不仅自己采食，也常常到集市上出售。

哈拉海 荨麻科荨麻属多年生草本植物，别名蜇麻子、小荨麻，也称蝎子草。“哈拉海”为蒙古语，译为汉文是“哎呀”。这是因为它的叶片上生有细密的蜇毛，用手一抓，那些小刺就会刺进肉里，人们在采摘时一不小心便会被蜇，往往会“哎呀”一声，而且刺进肉里的小蛰毛是挑不出来的，痛痒难忍。据汪灏《随銮纪恩》记载，康熙四十二年（1703）秋，汪灏随扈康熙皇帝行围塞外，在今围场满族蒙古族自治县四道沟乡骆驼梁南部，曾谕塞外有蝎子草，触之毒如蜂螫，须谨防之。他还特意让侍卫找到这种草，让大家辨认。

哈拉海通常生长于山地林缘、灌丛或沟旁，茎高 40 ~ 150 厘米，叶对生，叶片披针形或狭卵形，边缘似粗锯齿。哈拉海的嫩叶可采食，食用方法多种多样，既可做汤、做饭，也可炒菜、包馅儿，口感鲜嫩柔滑、余味清爽。庙宫人食用哈拉海时喜欢做哈拉海疙瘩汤。采摘新鲜的哈拉海嫩叶和嫩茎洗净，放在开水中稍煮以去除毒素，再与白面或莜面疙瘩一起加水煮沸，就是极为爽滑可口的哈拉海疙瘩汤。庙宫人还喜欢做哈拉海炖土豆，将土豆洗净切块，猪肉切块炒出油，加入五香粉和土豆略炒，加水没过土豆，炖熟放盐，然后再加入焯水后的哈拉海小炖，即成美味的哈拉海炖土豆，吃起来既有土豆的沙感又有野菜本身的清爽柔滑，让人食欲大开。

哈拉海又为宽叶荨麻，夏秋采收，鲜用或晒干，可全草入药。其味苦、性温，有小毒，可用于风湿关节痛、产后抽风、小儿惊风、小儿麻痹后遗症、高血压等病症的治疗，外用还可治荨麻疹初起和蛇咬伤。

苦乐芽 学名升麻，为毛茛科多年生草本植物，高 1 ~ 2 米。其根茎为不规则的块状，表面黑褐色，有洞状茎痕，故又称窟窿芽。茎直立，有少量柔毛。叶互生，两面均有短柔毛。生于山坡草丛、林边、山路旁或灌木丛中。

苦乐芽是药食同源植物，其嫩茎鲜嫩可食，口感好，风味独特。

春季，当其生长到 10 ~ 15 厘米高，叶片尚未散开之时，为采食嫩茎的最佳时期。

哈拉海（2016 年）　刘利杰　摄

苦乐芽（2017 年）　刘利杰　摄

采来苦乐芽的嫩茎，清理干净焯水后食用。其食用方法可以是直接蘸盐水、酱油或酱，也可以切碎后根据个人口味适量加入盐、味精、食醋、芝麻油和香菜等凉拌。奇妙的是入口先苦，喝点粥、水或酒，嘴里马上充满甜味。庙宫村人吃苦乐芽时喜欢喝米汤，吃一口苦乐芽，喝一口米汤，感觉甜味更加浓厚。因为茎叶吃起来先苦后甜，所以才称为“苦乐芽”。其先苦后甜的原因，是因为这种植物含有一种酶，与淀粉溶解后迅速反应，生成糖，所以变甜。苦乐芽作为药用，具有升阳、发表、透疹、解毒的功效。

苦荞发糕与甜荞凉粉

荞麦具有耐寒、生长周期短等特点，是北方特有的农作物。荞麦分为甜荞麦和苦荞麦两种，其保健作用大致相同，所做的美食品种也多种多样，可以做发糕、做凉粉，可以包饺子、轧饸饹，还可以和其他食物或中药搭配，做成养生食品。庙宫村人传统的做法是做苦荞发糕和甜荞凉粉。

苦荞发糕　苦荞发糕质地柔软，味道香甜略带苦味，老少皆宜。其制作工序是：把苦荞麦筛掉细小杂质，再用簸箕簸出筛不下去的杂质；把筛选好的荞麦用石磨（石碾子也可以，但没有石磨效果好）进行研磨；磨出的面和荞麦皮及荞麦渣用细箩筛，筛出细面，把箩内的皮和渣用簸箕簸，去掉荞麦皮，只留荞麦渣；再把荞麦渣放到石碾子上轧成面（轧这个面，石碾要比石磨更好）；把轧好的面用凉水或温水和成稀面糊状，放到热炕上或其他温暖的地方保温发酵，可以在里面放些发酵粉，使面发得快一些；面发好后，生火烧水，在锅内水上放好箅子，铺好饽饽叶或屉布，待锅里的水烧开后，把发好的面倒在箅子上，盖严锅；然后加柴烧火，20 ～ 30 分钟后，就可以揭锅吃发糕了。如果想让苦味淡一些，也可将苦荞面和白面按 1∶3 混合后加水调成糊状，再将发酵粉和糖倒入调均，让其自然发酵；再将发酵好的面糊倒入小容器内，放在蒸笼里蒸熟，即成香甜、松软可口的苦荞发糕。

甜荞凉粉 甜荞凉粉质地柔软、细腻，呈半透明状，且富有弹性。纯正荞麦凉粉因不需添加任何东西，才更有凉粉特有的风味，体现本身自有的营养价值。把凉粉切成条，可以凉拌，可以做汤，也可以涮着吃，都非常清爽可口，还有淡淡的香甜。其制作工序同做苦荞发糕一样：先把选用的荞麦筛簸干净，再将干净的荞麦放到石磨上研磨；把磨出的面、皮、渣先用细箩筛出细面，再簸出荞麦皮，留下粗细不等的渣；留下的渣用水闷透闷软，用手搓揉闷软的面渣，直到搓成细泥状；把搓好的面泥放到纱布上，加适量的水冲泻面泥，滤出下不去的渣，继续搓滤，直到剩下无法滤出的渣和杂质为止；将滤出的稀粥状面汤倒入沸水中，继续加热，待其在开水中成块且没有生心即可；从锅中捞出整块的凉粉，根据需要随意切块存放，用时切成条即可拌着吃或做汤吃。

水苦哩与油苦哩 苦哩是以莜麦面（简称莜面）为主做成的传统美食。从拌面的方式上来说，苦哩可分为水苦哩和油苦哩。其中，水苦哩是直接用热水拌莜面，而油苦哩则是将莜面用食用油炒过，再用热水拌。但无论是做水苦哩，还是做油苦哩，首先要讲究拌面，既不能用太热的水，也不能用凉水，要用稍微偏热的水。其次，面不能加水过多，以加水后的面半干半湿为宜。再次，拌好面后，不能马上就做饭，要用饭盆把面团扣在面板上，闷半个小时左右，然后才可以做。

水苦哩与油苦哩的做法很多，庙宫村人会根据季节、口味等做出很多花样。在春季，采集一些曲麻菜，把老根、老叶摘去，用清水洗干净，切成小段，再用热水焯一下。锅中放水、适量的盐，放入焯好的曲麻菜，待水烧开后，即把拌好的莜面团放入，并用筷子反复拨拉，使面团均匀地松散开。最后，用小火把菜和面熥约 15 ~ 20 分钟，或放在笼屉上蒸 15 分钟左右即熟，此水苦哩或油苦哩当地人称“曲麻菜苦哩”。同样的做法，还可以采一些长寿菜[①]、榆树叶等来做，称为“长寿菜苦哩”“榆叶苦哩”。上述原料所做的水苦哩或油苦哩或多或少都有一丝苦味，野菜焯水的时间越长，苦味越淡，但人们往往很喜欢这种淡淡的苦味。庙宫村人还喜欢用小米或马铃薯等做苦哩。用小米做时，要把小米熬成粥，当小米粒刚刚胀开时，就将莜麦面放进粥里搅拌，其

---

① 学名马齿苋，又叫长命草、五行草等，一年生草本植物，生于菜园、农田、路旁，为田间常见野菜，性寒，味甘酸。

甜荞凉粉（2017）　刘利杰　摄

苦哩（2017）　刘利杰　摄

他环节同上，称为“小米苦哩”。如果做马铃薯苦哩，就要先把马铃薯炟熟，然后再加莜面。

“苦哩”之名，大约是用野菜做时稍有苦味而来的。但庙宫村人也称其为“苦力”，认为这种食物吃了有力气，干活时可以下“苦力”。但“苦哩”一词或许为满语或蒙古语的译音，尚未有考证。

二大王与三大王

“大王”，是戏剧或古典小说中对国王、强盗首领、妖怪头目等的称呼，其中“大”字读为“dài”。在庙宫村及其周边地区，“大王”还是一种美食。据说之所以称为“大王”，是因为这种食物吃了以后长时间不饿，是最耐饿的“大王”。

二大王　二大王是用两种面做的，即莜麦面和荞面。首先，将莜面和荞面分别用较热的水和成面团，进行发酵。其次，将发酵好的莜面和荞面加入适量的碱，混合在一起揉好，揉好的面团要呈比较稠的黏糊状，以基本可以成形为宜。再次，将锅中的水烧开，把面糊团成一个个馒头一般大小的圆团，分别放在箅子上；也可用勺子舀面，一勺一个放在箅子上。最后蒸 20 ~ 30 分钟，熟了即可食用。

二大王（2017 年）　刘利杰　摄

三大王　三大王是用三种面做的，即莜麦面、荞面和白面。过去庙宫村人吃不到白面，只能做二大王。20 世纪 90 年代后，庙宫村逐渐富裕，随时可以买白面，或用自家产的玉米、小米等换白面，从此开始做三大王。由于加入一些白面，这种食物口感更好、更筋道。其做法与二大王基本相同。

窝子与猫耳朵

庙宫村人做窝子和猫耳朵基本上都使用莜面，而不使用荞面，这两种美食都十分讲究形状的美观。

窝子（2017 年）　　刘利杰　摄

窝子　由于放在箅子上的面卷呈蜂窝状，所以称之为“窝子”。用莜面做的“窝子”又叫“莜面窝子”，其做法是：先将莜面用沸水烫后，揉成面团，放在面板上用面盆扣上，稍闷片刻；取焖好的莜面团儿，每次揪下约有成年人两个大拇指大小的一块，用大拇指或手掌用力碾压，形成约 3 厘米高、大拇指粗的筒状，也可将面团擀片切条，再分切成等边长方形面片，放在手心或在小石板上搓成卷儿，以此类推，并依次摆放在箅子上；蒸熟后盛到碗里，浇卤儿后即可食用。卤可以多种多样，根据个人口味，可用瘦猪肉丁、鸡蛋、香菇丁、笋丝等，加适量酱油、料酒、盐、葱、姜丝等来做。

猫耳朵　如同做“莜面窝子”一样，从焖好的莜面团上揪下大拇指肚般大小的一块面，放在掌心，用另一只手的大拇指往前用力推，被强力挤压后变成了薄皮儿，自然地蜷成卷状。也可将莜面团揉成大拇指粗细的圆柱，放在用高粱秆做原料手工编制而成的锅盖或盆盖上，并将锅盖或盆盖倾斜 45° 放在面盆上，形成一个斜面，一手轻轻按住面柱，一手持刀切下长约 1 厘米的一块，然后刀不抬起，而是顺势倾斜刀面，以刀面压住被切下的面块，稍微用力向斜面下碾压面团，小面块便会自然蜷曲成一小卷，并滑落在下面的面盆里。这样做出来的小面卷与用大拇指前推形成的小面卷不同的是带有高粱秆硌出的一个条条沟状纹路，很是美观。这种食品做出来的形状因像猫的耳朵，故叫“猫耳朵”，可以蒸着吃，也可以煮着吃。但如果蒸着吃，需要像“莜面窝子”一样浇卤。

特色文化

庙宫村是一个深受清代“木兰秋狝”文化影响的小村。“木兰秋狝”时，康熙、乾隆、嘉庆三位皇帝驻跸此地，经常会在宴请蒙古王公时举行“塞宴四事”活动，其中以“相扑”为原型的摔跤活动在民间广有流传，逐渐演变和发展成为独具特色的“二贵摔跤”。

庙宫村村民多为满族，其中有一部分村民本身就是清代守卫木兰围场和东庙宫八旗官兵的后裔，萨满教的跳神曾十分流行，由此演变而来的木兰萨满舞深受群众喜爱，每逢节庆活动，往往要请县专业演出团队前来表演。

乡间土棋曾是庙宫村村民劳动间歇或劳动之余时的文化娱乐活动。近三四十年来，由于文化生活的日益丰富，这种活动虽然已日益减少，但仍有存在。

◉ 木兰萨满舞

萨满舞的起源 萨满，音译为“珊蛮”“嚓玛”“萨吗”等，满语意思是狂舞之人。满族先世信奉萨满教，为消灾求福和国祚长久平安，满族先祖经常举行祭天地、鬼神乃至祖宗的活动，称为“跳神”。清代姚元之《竹叶亭杂记》中记载：“跳神，满洲之大礼也……春秋择日致祭，谓之跳神。”在跳神活动中，萨满充当着十分重要的角色。萨满分大萨满和二萨满。大萨满初为女性，后为男性取代，主要为雇主家进行驱魔、占卜、祈福等。二萨满，即家萨满，主持家族的祭祀活动，多由族中有声望的人或族长担任。《竹叶亭杂记》中记载：“满洲跳神，有一等人专习跳舞、讽诵祝文者，名曰‘萨吗’。”可见在跳神活动中，萨满是歌与舞的主要表演角色。满族人重礼节，好喜兴，对祖先、神灵的祭典更无比的虔诚和隆重，在这种祭祀活动中，常常全族人都参加，以歌舞形式来祭典，场面相当热烈、壮观。萨满舞的雏形就来源于满族人的这种祭祀活动。

萨满舞的表演形式 木兰萨满舞是原围场满族蒙古族自治县文体教育局和文化中心根据民间跳神活动挖掘、整理、发展、创新而编创出的满族舞蹈。

体验『布库』之戏，两两相角决胜负；欣赏『萨满』之舞，祈福求喜颂吉祥。

表演时，以四声古老悠远的鹿角号拉开序幕，20 名英姿飒爽的小萨满头戴粉红色长缨帽，手持抓鼓，腰系铜铃，在沉稳有力的鼓声和铃声中像雄鹰一样翩翩起舞，动作似骑马、哨鹿、行围、摔跤……强悍有力，粗犷豪放，透着马背上的民族特有的生活特色，显示着皇家行猎特有的气派与壮观。接着，大萨满带领 4 名护卫在欢快的音乐声中出场，与 20 名小萨满一起闪转腾挪，表现出高超的武功技艺。随着舞蹈节奏的不断加快，队列、舞姿的不断变化，舞蹈逐渐达到高潮，向天地祈福求喜，祝大家平安吉祥。

其舞蹈的民族特色主要表现在：

第一，服饰和动作。根据清代“木兰秋狝”围猎、哨鹿的种种不同特点，男萨满的服装为斜式仿鹿皮大坎肩，外边加以装饰，头饰为仿鹿皮头带，下身为深烟色肥腿马裤，脚穿翻毛半长靴，手持五彩棍。大萨满身着五彩衣，衣袖镶有长短不一的黑色长穗，衣裙上有密集的五彩飘带，头戴羽毛长缨帽，手持抓鼓，腰间系一串管状铜铃（俗称腰铃）。在动作上，开场时以“木兰秋狝”中的设伏、围猎为素材，将简单、质朴甚至近于粗野的狩猎动作特征，放大为舞蹈形态动作，并以较慢的音乐节奏变化牵动舞蹈动作的起伏变化。在腰铃舞一段中，汲取现代舞蹈的节奏律动，运用腰、胯、腿不同部位的律动反映舞蹈情绪。变刚为柔，使刚的动作柔软化；化柔为刚，使柔和的动作富有力度。全部舞蹈动作力求简洁、明快、流畅、协调，具有流动美和造型美。

第二，舞鼓和腰铃。萨满鼓和腰铃是萨满舞最重要的道具。鼓与铃的运用，力求通过速度的快慢、力度的轻重和加花等表演手段，使其产生丰富多彩的变化。同时，在音色和节奏的风格、对应、模仿上，运用高低、长短、强弱、急缓等表现方法，力求呈现色彩斑斓、绚丽多姿的节奏韵律美。

第三，音乐。木兰萨满舞强化了满族传统音乐特色，力求保持萨满曲调的原貌，以羽调式为主，多用同音反复和大小二度、三度的旋律。

萨满舞是在满族萨满基础上演变形成的一种具有满族特色的民间舞蹈，既保留了满族萨满的一些原始舞蹈元素，又融合了一些现代舞蹈的节奏，舞蹈语汇、服饰、道具、音乐都有所创新。2007 年 11 月，在第八届全国少数民族传统体育运动会上，满族舞蹈“木兰萨满”获表演项目银奖。2010 年 8 月，满族舞蹈“太平萨满舞”在河北省民运会上荣获表演项目一等奖。2013 年 9 月，在承德市特色文艺会演中，满族舞蹈“萨满舞”获二等奖。2016 年 11 月，围场县传统舞蹈——萨满舞被列入第六批省级非物质文化遗产名录。

木兰萨满舞（2006年）

尹志杰 摄

木兰萨满舞专业演出　　县文化旅游局　提供

◉ 二贵摔跤

二贵摔跤的起源　二贵摔跤是庙宫村人在春节及其他节日经常自行表演或请外村团队表演的一种民间舞蹈。二贵摔跤俗称二鬼摔跤，其雏形源自清代“木兰秋狝”时塞宴四事的“布库”。

康熙二十年（1681）前后，康熙皇帝亲自设置了木兰围场，并把在木兰围场举行“木兰秋狝”活动定为祖制。从此，康熙、乾隆、嘉庆三位皇帝每年举行“木兰秋狝”时，都要在大规模的围猎之后，设宴款待蒙古各部王公，并在宴前、宴中、宴后分别举行诈马、什榜、布库和教駣四项活动，史称“塞宴四事”。

摔跤的满语称为“布库”，是皇帝用餐后开始饮茶时表演的项目。两人对峙，以将对方摔倒扑地为胜者，胜者赏赐饮酒。参加布库比赛的既有蒙古的大力士，也有皇帝身边的御前侍卫。此外，还专门设有善扑营，训练摔跤能手，在宴会上表演助兴。在清代皇帝看来，布库是训练士兵的力量和格斗能力，使之随时保持战斗力的重要方式，同时也是向蒙古各部宣示武力的一种方式。庙宫村处于清代木兰围场的“东崖口”，是出入木兰围场的重要门户，也是皇帝经常宴请蒙古王公并举行“塞宴四事”的地方。于是，这个表演项目流传到民间。长期以来，无论在田间地头，还是在村头巷尾，不管是在节

二贵摔跤表演（2015 年）　　县文化旅游局　提供

庆之时，还是在平常素日，摔跤都是庙宫村人，尤其是年轻人最流行的一种娱乐方式，也是最广泛的一种角力方式。在节庆之时表演的二贵摔跤，只是由此演变的一种舞蹈，这种表演已成为庙宫村人乃至全县各民族群众喜闻乐见的一种娱乐项目。

二贵摔跤的表演形式　在二贵摔跤的表演中，表演者只是一人，更确切地说是由一个人扮成两个人。他身背两个摹制好的道具人身，穿上宽松的戏剧服装。两个道具人身的脸部均描绘成传统戏剧中的不同脸谱，相传一个是杨七郎的脸谱，另一个是韩昌的脸谱。表演者两只手穿靴子，代替另一个人的两只脚，利用两手、两脚间的互拌、勾、拐、跳、挑、扫、踢、跪、倒等，形成两个人摔跤的动作。

在伴奏下，一个人活灵活现地表演两个人摔跤的场面，动作协调一致，模仿惟妙惟肖，让人一时难辨真假，显得极为滑稽、幽默，是一种集独特的道具、体育与艺术于一身的极具艺术魅力的民间艺术。

◉ 乡间土棋

庙宫村人在农业生产劳动中，经常利用休息时间在田间地头玩乡间土棋，孩子们有时也会玩土棋。其玩法比较简单，但形式多种多样。玩乡间土棋无须特别的道具，只需在地上画出棋盘，以不同颜色或不同形状的小石子作为棋子，即可两人（或三人）对弈。

捉王伦 此棋法传说是宋朝时梁山将捉拿王伦的一种阵法，演变成棋，传承下来，成为民间田间地头上休息时的一种游戏活动，斗智、斗技巧。棋盘随地而画，呈方形，方形内各画竖线3条、横线3条，形成左上、左下、右上、右下4个田字格，即屯兵之地，再将每个田字格各画出两个对角线。这样，即在4个田字格及边缘形成25个交叉点。

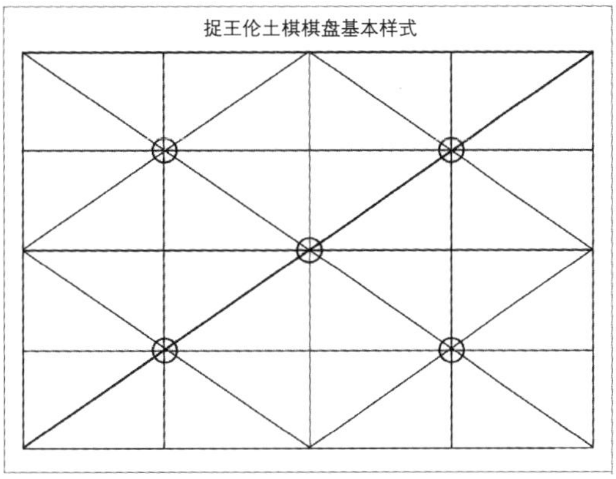

捉王伦土棋棋盘基本样式图

对弈的基本规则是：两人各持不同颜色或不同形状的石子，其中一方持2个旗子，意为王伦及卫士，为反击方，另一方持20个旗子，为攻击方。盘中画线均为棋子行走线，四角不能越跳，左右可行。王伦一方的一个棋子可直行，可隔对方的攻击棋子跳行，但只许隔一个棋子，被跳隔的这一个棋子要拿掉，意被吃掉。另一个棋子可移来移去，但只守不攻。王伦对方的攻击棋子即将士子，不许跳行，不许只移动一个棋子，也不许只围而不进攻。双方将各自的棋子放在棋盘内的各个交叉点上，其中王伦对方的20个棋子在4个田字格的大营中各放5个。摆好棋子后，即展开“厮杀”，你跑我追，你进我退，你攻我守。看准时机奔袭跳杀，一路进攻，四方围堵。一步错位，则失去胜机。直至王伦一方的2个棋子四面被围，无路可走，或将士一方被杀剩9个棋子，失去围捉能力，则分出胜负。若将士一方剩下12个棋子，则成胶着状态，双方都无法取胜，即为和棋。

老牛赶山 此棋法传说系由清代乾隆皇帝与大臣刘墉、和珅3人围猎上山时的比赛活动演变而来。先在地上画一个三角形，即为“山”，从三角形的顶端到“山”底的横线画一垂直竖线，这样就形成3条上山的线路，其中，左右两边的斜坡分别为刘墉、和珅的上山线路，中间竖线为乾隆上山线路。三角形下面画一横线，标出左、中、右3个点，分别代表刘墉、乾

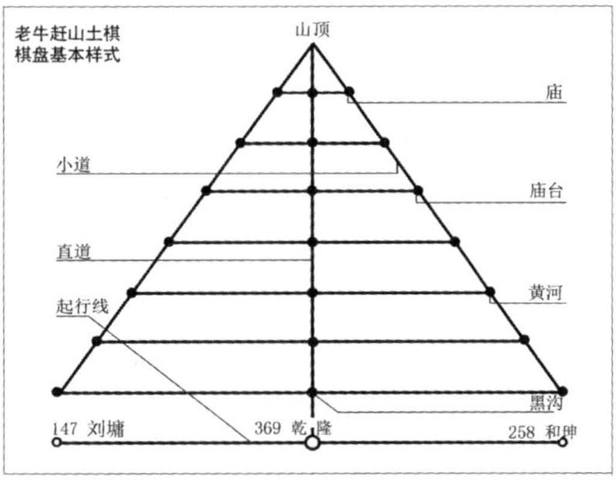

老牛赶山土棋棋盘基本样式图

隆、和珅各自的起点。从下向上，再在三角形上画 6 条横线，线的两端分别与三角形两侧的斜线相交，这样，加上三角形底部已有的横线，就在两条斜线和中间的竖线上分别各形成 7 个交叉点。从下向上，三角形底部横线上的 3 个交叉点为“黑沟”，第三条横线上的 3 个交叉点为“黄河”，第五条横线上的 3 个交叉点为“庙台”，第七条横线上的 3 个交叉点为“庙”。

基本规则是：3 人各持 3 个子，其成 9 个数。其中，刘墉占“1、4、7”3 个数，乾隆占“2、5、8”3 个数，和珅占“3、6、9”3 个数。开始时，3 人各自出示手中的棋子，出示几个随意。3 人棋子之数相加之和的个位数，是谁所占之数，则谁先在起点上放上 1 个子。此后每次放子、行走均以此类推。3 人按各自路线直行，不得占据他人道路。每过“黑沟”要等一等，即暂停一次；每过“黄河”要越一步，即跨越一步；每到“庙台”要歇一歇，即暂停一次；每到“庙”时要拜一拜，即暂停一次。3 个子全部先到山顶为胜。

庙宫旅游

庙宫村旅游资源丰富，文化底蕴深厚。一方面，持续130余年的“木兰秋狝”活动给庙宫留下了宝贵的历史文化遗产，同时也奠定了独具特色的民俗文化基础；另一方面，“木兰秋狝”活动对自然生态资源的保护和新中国成立以来持续不断的生态建设，造就了这里如诗如画的自然风光。庙宫水库国家水利风景区、九曲十八弯的伊逊河、千年冰洞和形态各异的山峰石笋，构成了山水相依、林海花潮的美丽图画。2010年后，持续开展的美丽乡村建设、少数民族特色村寨建设，又为庙宫村增添了新的魅力。

◉ 旅游规划

编制规划 围绕京津冀协同发展战略格局以及河北省和承德市“十三五”旅游规划总体发展战略，结合承德市积极打造国际旅游城市的发展机遇，为把庙宫景区建设成为河北省乃至京津冀地区举足轻重的旅游目的地，2015年6月，围场满族蒙古族自治县人民政府、围场县乐水之都旅游服务有限公司委托北京九鼎辉煌旅游发展研究院编制《承德庙宫旅游区发展规划暨庙宫湖景区概念性规划（2015—2030）》（以下简称《规划》）。

《规划》划定的范围总面积117.3平方千米，包括两个部分：其一为庙宫旅游区，北至黄土坎乡和四合永镇在伊逊河的交界处，南至围场与隆化县交界处，西至黄土坎乡，东至四道沟乡与蓝旗卡伦乡交界处，主要涉及四道沟全乡及四合永镇、黄土坎乡部分地区，规划面积115.8平方千米；其二为温泉片区，位于隆化县唐三营镇北大坝村，规划面积1.5平方千米。

《规划》结合庙宫旅游区的旅游资源及实际情况，整体确定的空间布局是“两心辐射、两带统领、两大板块支撑”，构建重点突出并覆盖整个区域

承德庙宫旅游区发展规划功能分区图　　　　北京九鼎辉煌旅游发展研究院　编制

的多层次旅游发展格局。“两心”即庙宫湖旅游集散中心、四道沟旅游集散中心，共分为“六个区”，即庙宫湖生态休闲度假区、庙宫皇家文化体验区、东沟—五道沟休闲农业旅游区、锥山沟—永合义乡村民俗旅游区、砬子沟生态涵养区、北大坝温泉养生区。“两带”即皇家文化休闲度假带、四道沟乡村旅游产业发展带。“两大板块”即庙宫湖板块和休闲农业板块。

支撑项目

《规划》根据“两大板块”的资源状况和发展方向，布局景区重点支撑项目 8 个，分别是庙宫湖旅游集散中心的“游客中心”“崖口古街”和“皇家鹿苑”项目，庙宫湖生态休闲度假区的“大石门户外露营基地”和“庙宫湖度假村”项目，庙宫皇家文化体验区的“庙宫皇家文化苑”项目，东沟—五道沟休闲农业旅游区的“木兰秋狝庄园”和“梨花谷生态观光园”项目。同时，还布局“庙宫满族风情村”“木兰旅游风情小镇”“伊逊河湿地草海”“古崖口漂流”等支撑项目 19 个。

其中，庙宫湖旅游集散中心的“游客中心”采用明清古建筑风格，按照国家 AAAA 级旅游景区标准进行建设，主要为游客提供旅游接待、咨询、休息、购物等综合性服务。“崖口古街”以景区会客厅为发展定位，为明清古建筑风格，是集民俗观光、休闲购物、特色餐饮、酒吧茶座等于一体的夜间文化消费综合性街区。“皇家鹿苑”项目依托天然地形和传统畜牧方式，以梅花鹿人工养殖为主，并设置“猎户餐厅”，重点开展梅花鹿观赏、认养以及鹿肉菜品加工等。庙宫湖生态休闲度假区的“庙宫湖度假村”项目，依托庙宫水库发展游船码头、垂钓、欢乐沙滩、锦绣冰湖等亲水游乐体验项目，在半岛处建设以八旗驿站为主的综合型休闲度假酒店，为游客提供以皇家文化为主题的食宿、商务会议、宫廷御膳等多种服务。庙宫皇家文化体验区的“庙宫皇家文化苑”项目，依托“两碑一庙”，并挖掘、融合民族文化和佛教禅修养生文化，创意启动皇家文化情景再现工程，增强文化体验性，另外设置木兰七十二围文化论坛会址、塞罕禅修苑、书画院等，开展多种类型的皇家文化体验、皇家休闲及皇家养生旅游等活动。19个支撑项目中的“庙宫满族风情村”项目，依托庙宫村，以展示满族历史文化、风土人情、民居建筑、民俗用品等为主，打造集住宿、餐饮、文化娱乐等功能于一体的特色民俗文化旅游村。“古崖口漂流”项目在现有项目基础上进行升级，以“休闲漂”为开发理念，实现由“漂流”向“漂游”的转变。

《规划》还对旅游线路进行了设计。

整体精品旅游线路 伊逊河湿地草海—崖口古街—皇家鹿苑—庙宫湖度假村—庙宫皇家文化苑—中医药文化园—梨花谷生态观光园—木兰旅游风情小镇—现代创意农园—满蒙原生态民俗文化村—农牧文化体验园。

一日游线路1（文化体验线路） 崖口古街—皇家鹿苑—庙宫满族风情村—庙宫皇家文化苑

一日游线路2（生态观光线路） 伊逊河湿地草海—庙宫湖度假村—九龙山森林场—古崖口漂流

一日游线路3（乡村旅游线路） 中医药文化园—梨花谷生态观光园—现代创意农园—十里画廊

二日游线路1（休闲度假线路） 庙宫湖度假村—木兰秋狝庄园—世界野奢部落—砬子沟生态旅游村—皇家温泉小镇

二日游线路2（文化体验线路） 崖口古街—皇家鹿苑—庙宫满族风情村—庙宫皇家文化苑—木兰旅游风情小镇—满蒙原生态民俗文化村—农牧文化体验园

二日游线路3（养生养老线路） 田园式养生养老基地—中医药文化园—砬子沟生态旅游村—御汤苑度假养生谷

◉ 旅游项目

皇家古迹 庙宫村现有 3 处清代皇家古迹，分别是东庙宫、《入崖口有作》诗碑、《木兰记》碑。

山水环绕的东庙宫是国内独特的宫庙合一建筑，周围古松林立，气势雄伟。宫门上有嘉庆皇帝御笔“敕建敦仁镇远神祠”。前殿供奉敦仁镇远神（又称塞罕佛）像，殿内墙壁有塞罕佛的传说和十二圆觉彩绘；后殿为皇帝秋狝途中休息的行宫，内有宝座、龙榻等生活用品，并有康熙、乾隆、嘉庆三位皇帝的画像和“木兰秋狝”彩绘。每年农历六月十三日为传统庙会，前来景区的游客达千人以上。东庙宫后山铺有轮胎栈道，游客可直达山顶俯瞰东庙宫、百年古松、伊逊河水和村庄全景。

伊逊河东、西两岸各有一座清代石碑。其中，东岸崖口山巅的石碑为乾隆《入崖口有作》诗碑。该碑立于山顶之上，背后古松相衬，前方山峦起伏、大桥横卧，视野极为开阔。在西南方山下则为另一座石碑——嘉庆《木兰记》碑，该碑与《入崖口有作》碑遥遥相望。

古崖口漂流 古崖口漂流上游码头位于庙宫水库坝底，下游码头位于横河子村，紧临承围公路，交通十分便利，全长 6.8 千米，漂流全程用时两个小时。此处漂流为木兰

俯瞰东庙宫（2017 年）　　孙兆岭　摄

古崖口漂流（2015 年）　　王虎　摄

围场坝下唯一的漂流项目，漂流河道为九曲十八弯的伊逊河，被称为“皇家庙宫第一漂”。整个漂流河道上下水位落差达 48 米，水面宽度在 10 米左右，宽窄变化，高低起伏，时而激流勇进，时而波平如镜，两岸长满河柳，时有成群结队的野鸭游来游去，或水中嬉戏，或惊飞远逸。稍远处则是高耸入云的山峰，直上直下的崖壁。为了保证游客安全，古崖口漂流在沿岸根据水流、水深、水面宽度等不同情况安排了护航员，让游客安心地尽情享受急波缓流的精彩和惬意。漂流结束后，游客可在下游码头沐浴更衣，还可选择自己在漂流过程中被抓拍到的照片。

水上乐园　水上乐园位于承围公路西侧、庙宫水库国家水利风景区内，有垂钓、划船、快艇、滑索、游船、水上步行球、水上滚筒、摩托艇等游乐项目。水上步行球操作简单，且环保、时尚，是水上乐园里一道亮丽的风景线，深受年轻人和小朋友的青睐，人在步行球里的刺激、过瘾是其他水上娱乐项目所无法比拟的。1200 米长的高空滑索横贯庙宫水库东西，可让游客从空中尽览湖光山色。大型游船徐徐前行，摩托艇劈波斩浪；周围群山环护，林木葱翠。天清气爽之时，蓝天白云与山光树影倒映于一湖碧水之中，小雨淋漓之后，薄雾在水面上流动，半岛在白纱中朦胧。这里，山容水态如诗如画，是周末度假的好去处。

观光采摘　庙宫千亩果品观光采摘园位于庙宫村小东沟及承围公路两侧，占地面积 1000 亩，园内硬化道路 5 千米，建设观景台 1 处，建厕所 2 个、标志牌 16 块，新打机井 2 眼，新建占地 5 亩果品交易市场 1 处，为游客赏花、踏青、观光、采摘营造了良好的环境。采摘园内有红太平、黄太平、金红苹果，以及香果、苹果梨、香梨、葡萄、李子等品种。由于采摘园紧临庙宫水库，果品成熟早、色泽艳、口感好，每年的 7 月下旬至 10 月上旬，到采摘园采摘的游客络绎不绝，游客在品尝到新鲜果品的同时也体验到了采摘的乐趣。

◉ 旅游线路

庙宫景区内部旅游线路

古迹游 《入崖口有作》诗碑—《木兰记》碑—东庙宫

观光游 庙宫千亩果品观光采摘园—庙宫水库国家水利风景区—乐水之都—古崖口漂流

庙宫景区外部旅游线路

清代皇家文化体验游 北京故宫博物院—清东陵—承德避暑山庄—木兰围场（庙宫旅游区）—沈阳故宫

承德市知名景区休闲观光游 兴隆溶洞—金山岭长城—承德避暑山庄及周边寺庙—隆化县董存瑞烈士陵园—庙宫旅游区—塞罕坝国家森林公园—御道口草原森林风景区—围场红松洼国家自然保护区

◉ 服务设施

庙宫村现有燕军农家庄园、塞北生态园、金易农家院、大老孙农家院等餐饮、住宿场所。在菜品上，既有本地野生哈拉海、蕨菜、苦乐芽、木芽菜、刺五加、猫爪菜，也有八大碗、二八席，更有水库活鱼、瓦罐焖肉、大锅炖菜、炭烤全羊等特色菜品。在主食上，保留了庙宫建村初期主食特色，有窝头、烙糕、豆包、饸饹、煎饼、豆饭等品种，全部实行粗粮细做。在住宿上，依托燕军农家庄园、塞北生态园和农家院，可同时容纳 200 人住宿。

燕军农家庄园 建于 2006 年，初期投资 120 万元，占地面积 11.5 亩，内有 750 平方米垂钓园 1 处，450 平方米停车场 1 处。2009 年，庄园完成水上餐厅和 3660 平方米综合楼的建设，是围场县规模最大、设施最全的乡村旅游接待场所，是承德市第一家五星级乡村酒店。

塞北生态园 建于2007年，总投资360万元，总占地面积136亩。庄园内有果品采摘园、果蔬采摘棚、温室餐厅、旅游接待站和停车场等服务设施。采摘园里有葡萄、李子、苹果、桃、梨等果品，4个温室蔬菜大棚种植各种新鲜瓜果、蔬菜可供游客采摘。

链接：如诗如画的三大景区

庙宫村一带是清代康熙、乾隆、嘉庆三位皇帝进入木兰围场行围狩猎的东线门户，由此出发北行，在木兰围场的北部自西向东分别有御道口草原森林风景区、塞罕坝国家森林公园和围场红松洼国家自然保护区三大著名风景名胜区。

塞罕坝国家森林公园

从庙宫村出发，沿省道承围（承德—围场）公路北行到围场县城，进入四御（四合永—御道口）公路，再北行到棋盘山镇（有兴华寺景点），进入棋塞（棋盘山—塞罕坝）公路，再向西北经哈里哈乡（有们都阿鲁景点）到达塞罕塔，即到达塞罕坝国家森林公园，全程约130千米。

泰丰湖风景区　　塞罕坝国家森林公园　提供

塞罕坝国家森林公园地处围场满族蒙古族自治县最北端，与内蒙古克什克腾旗临界，占地面积141万亩，融森林、草原和沼泽湿地为一体，有山地、高原、丘陵、河流、湖泊、溪流、松林、白桦林、羊群、军马，是消暑旅游和摄影的好地方，也是影视创作基地。该公园1999年被河北省政府命名为“生态旅游示范区”，2002年跨入国家AAAA级旅游景区行列，2005年被评选推介为“中国最佳森林公园”,2006年在“中国最值得外国人去的50个地方”评选中获银奖。2007年，被河北省旅游局评为“诚信旅游景区”和“百姓最喜爱的魅力景区”；在中国自驾车旅游100强目的地评选活动中进入前50强，在中国林木网通过网民评选，入选“金榜十强”，被河北省林业局评为“五星级森林公园”。2008年荣获“中国最佳旅游品牌景区”称号，2009年获“河北最美三十景”“中国最佳文化旅游目的地”“中国明星旅游目的地”等荣誉称号，2010年被评为“自驾车游十大提名景区”，2012年获得“最具影响力森林公园”称号。

御道口草原森林风景区

从庙宫村出发，沿省道承围公路北行到围场县城，进入四御（四合永—御道口）公路，到龙头山镇入国道111线，西行经道坝子乡、半截塔镇（景点有半截塔、《永安湃围场殪虎诗》碑），到牌楼乡进入围多（围场—内蒙古多伦县）公路，再西北行，经城子乡、御道口镇，北行即到达御道口草原森林风景区，全程约140千米。

御道口草原森林风景区1982年被国务院批准为“国家级风景名胜区”，1998年建立御道口草原风景区，1999年被河北省政府评为“河北省生态旅游示范区”，2005年被评为国家AAAA级旅游景区，2006年被评为“中国最佳旅游风景区”，2007年被评为“自驾车游十大提名景区”，2008年被评为“中国旅游品牌景区”，2009年入选“河北省最美30景”，2010年再次被评为“自驾游十大提名景区”。该景区总面积1000平方千米，有原始草原70万亩，湿地20万亩，天然淡水湖21个，泉水47处（多为矿泉），河流13条，是滦河发源地之一，是草原观光、观鸟、骑马、垂钓、游船、篝火娱乐、越野赛车、科考探险、休闲度假、滑冰滑雪、狩猎等生态旅游的绝佳去处。

围场红松洼国家自然保护区

从庙宫村出发，沿省道承围公路北行到围场县城，进入四御（四合永—御道口）公路，到棋盘山镇，北行过新拨镇（景点有《古长城说》碑、《虎神枪记》碑和乾隆殪虎摩崖石刻），再向东北行过殷家店，转向西北行过山湾子乡（景点有热水汤温泉）和姜家店乡，再向东北行至围场县种畜场即到围场红松洼国家自然保护区，全程约 120 千米。

围场红松洼国家自然保护区属于木兰围场四大风景区之一，总面积 110 万亩，其中草原面积 20 万亩，森林覆盖率高达 78%，是国内北方较大的草原风景区。该保护区地处山地森林草原地带向内蒙古高原典型地带过渡位置，占据着森林草甸亚地带的独特地理位置，是塞罕坝林缘“五花草甸景观”的典型地段，也是滦河、西辽河两大水系的重要水源草地涵养区。1994 年 8 月，被河北省人民政府批准为以保护草原生态系统为主的省级草原自然保护区。1998 年 8 月，经国务院批准晋升为国家级自然保护区。

这里风力资源丰富，一排排拔地而起的风机点缀在绿草繁花之中，随风旋转，周而复始，与漫山遍野、五彩缤纷的野花，以及悠闲沉稳、宠辱不惊的青藏牦牛构成了一道柔美和豪壮完美结合的独具特色的风景线。

绿色能源（2009 年）　　李景田　摄

名人与庙宫

庙宫村与清王朝举行的规模最大的政治、军事活动“木兰秋狝”有着极深的渊源，不仅其村名因嘉庆皇帝在此敕建东庙宫而得，而且此地还是康熙、乾隆、嘉庆三位皇帝带领文臣武将、八旗官兵进入木兰围场举行“木兰秋狝”大典最重要的门户。在这里，三位皇帝进行甸猎、接见蒙古王公、处理国家政务、祭拜山神、宴筵小憩……留下了极其宝贵的历史文化遗产。

◉ 乾隆、嘉庆二帝入崖口甸猎

庙宫村地处清代木兰围场东南部的崖口处，史称“伊逊喀布齐尔”。蒙古语“伊逊”意为“九曲”，指伊逊河九曲而来；“喀布齐尔”也作“哈巴奇”，意为“崖口”，故也称“伊逊崖口”。此崖口还叫“东崖口”，因为由此往西还有一处“西崖口”[①]。

清代“木兰秋狝”军旅从崖口入围后，常常要在崖口附近选择山谷平甸处进行小猎，也称“小围”或称“甸猎”。这一围猎形式在乾隆和嘉庆年间成为一种规制。

由东崖口入围时，其甸猎地点为今庙宫水库上游的开阔山谷地带。甸猎时，首先派出三四百名士兵，从两侧山间先行，布成小围，驱赶野兽聚集于平甸，先供皇帝、皇子射猎，然后再由满蒙王公和诸部落射生手射猎。乾隆四十年（1775），乾隆在《入崖口》诗“例试小围平甸合”一句下自注：“用

---

① 西崖口，即卜克崖口，在今隆化县步古沟镇内。

木兰秋狝甸猎之地——今庙宫水库上游（2017 年）　　侯延广　摄

三四百人于平甸列小围，国语[①]谓之‘阿达密’。每入崖口即行之。”这种小规模的围猎，与“木兰秋狝”的“大猎”规制基本相同，只是规模较小而已。可以说，这也是大猎的演习或者热身。

清朝大臣胡季堂[②]曾多次扈从乾隆皇帝“木兰秋狝”，他在《扈从木兰行程日记》中，对乾隆四十一年（1776）“木兰秋狝”时从东崖口入围并举行甸猎的情况进行过描述。其大致内容是：农历八月十六日（9 月 28 日），乾隆皇帝早晨 6 点早膳后从承德避暑山庄启驾，骑马出惠迪吉门。随同行围的大臣早已在门外右首站班等候。换班回京的大臣全都身着蟒袍补服在一里外送行。驻在热河的八旗兵、老百姓及安插在热河东边的准噶尔蒙古、叶尔羌回部等人跪在道旁送行。农历八月十九日（10 月 1 日），乾隆皇帝到达木兰围场东大门外，各部落派出的打围兵丁都在石片子地方迎接皇帝。进入木兰围场后，沿着伊逊河西行，随山转折，先后 5 次走桥过河。沿途茂林丰草，两山壁立，石骨嶙峋，河流清澈，苍松耸翠，木叶流丹。

乾隆行至五道河稍事休息后，骑马出营越山嘴[③]，在这里举行了此次“木兰秋狝”的第一次甸猎。管围大臣带领围兵从两山旁包抄，乾隆居中边走边射猎，御前大臣及侍卫等分翼护行，扈从官兵跟随在后边。胡季堂写诗一首：

① 这里的国语指“满语”。

② 胡季堂（1729—1800），字升夫，号云坡，今河南省光山县人。曾任刑部尚书、兵部尚书等职。著有《培荫轩诗集》。

③ 即“东崖口”，在今庙宫水库石门一带。

几度山弯出广川，千军云拥破寒烟。
试围雁翅排弓矢，尽是貔貅马上仙。

在乾隆、嘉庆及其随围文臣的诗中，有许多诗句生动形象地描述了甸猎的场景、崖口的风光和秋狝的重大意义。

乾隆二十八年（1763）秋，乾隆带领秋狝大军入围后甸猎，并写下了《入崖口》[①]一诗：

崖口隔年入，猎物间岁移。
依然九曲泻，越好万峰披。
小试平原骑，无殊大狝规。
行营遥在望，蔽野列旌旗。

诗中不仅赞美了东崖口万峰披翠、水泻九曲的自然景色和秋狝行营旌旗猎猎、庐帐蔽野的壮阔场面，同时也明确说明了小猎与大猎的规制是基本相同的。乾隆三十年（1765）秋，乾隆从东崖口入围后写下了《甸猎》[②]一诗：

甸猎非山猎，平原草未黄。
入崖斯小试，便路例成常。
惊雉蔽空起，呼鹰逐影飏。
兰中初获鹿，飞骑进仙庄。

诗中说：入秋后的木兰围场野草未黄，在宽阔的草甸上试猎已成为常例。惊起的雉鸡遮蔽了天空，捕捉雉鸡的苍鹰上下翻飞。初次捕获的鹿只赶快送去避暑山庄孝敬母后。诗中描述的甸猎场景令人震撼，而其表现出的孝心也跃然纸上。

① 〔清〕查美荫、谢霖溥纂修：《围场厅志》（光绪三十四年本），卷首五・天章三。
② 〔清〕查美荫、谢霖溥纂修：《围场厅志》（光绪三十四年本），卷首五・天章三。

嘉庆皇帝《入崖口甸猎》[①] 也是一首直接描写甸猎场景的诗：

翠屏高耸凌霄汉，九曲清流绕塞门。
策骑沙冈崖右转，峰峦环抱势雄浑。
先排匎猎试骅骝，日朗平林映五斿。
秋狝习劳守祖制，非耽逸豫十旬游。

诗中不仅描写了崖口的壮美风光，也申明了“木兰秋狝”是遵从祖制肄武习劳而不是游玩赏乐的重大意义。

链接：世界上最大的皇家猎苑——木兰围场

“木兰”是满语 Muran 的音译，汉语的意思是哨鹿，即狩猎时猎人身穿鹿皮衣，头戴鹿角，于夜半在山林中吹哨学公鹿的叫声，引诱母鹿前来，从而捕杀。“围场”是满语 Hoigan 的音译，意译的意思是“设围狩猎之地”。《清续文献通考·王礼十二》说：“每岁白露后，鹿始出声而鸣。效其声呼之可至，谓之‘哨鹿’，国语[②] 曰‘木兰’，今以为围场之通称。”

木兰围场是康熙皇帝出塞北巡时亲自设定的行围肄武之地。当时木兰围场的塞罕坝称为“兴安大岭”，所以整个木兰围场也以“兴安”为代称。乾隆四年（1739）开始有“木兰”之称，乾隆皇帝有“行木兰围”“进木兰行围”等语句。

康熙皇帝建木兰围场

关于木兰围场的始置年代，目前尚未发现古籍中有明确的记载。从现有资料看，可以确定的是，它建于康熙二十年至二十二年间（1681—1683）。嘉庆十二年（1807），嘉庆皇帝在《木兰记》中有这样的叙述：“木兰者，我朝习猎

① 承德民族师范高等专科学校、《承德府志》校点组点校：光绪朝重订《承德府志》（校点本），辽宁民族出版社，2006 年。

② 国语指满语。

地也，旧为蒙古喀尔沁、翁牛特部落游牧之处。周环千余里，北峙兴安大岭。万灵萃集，高接上穹，群山分干，众壑朝宗，物产富饶，牲兽蕃育，诚诘戎讲武之奥区也。洪惟圣祖，岁幸行围，诸部云集，神武聿宣，德化深洽，遂献斯地，开亿万年之灵囿焉。”

木兰围场的方位和面积

木兰围场地处内蒙古高原、燕山余脉和大兴安岭的交汇处，是世界上第一个，也是迄今为止世界上规模最大的皇家猎苑。

光绪朝重订《承德府志》记载："木兰围场，在承德府北境外蒙古各部落之中。周一千三百余里，东西三百余里，南北二百余里。东至喀喇沁旗界，西至察哈尔旗界，南至承德府界，北至巴林及克什克腾界，东南至喀喇沁旗界，西南至察哈尔正蓝、镶白二旗界，东北至翁牛特界，西北至察哈尔正蓝旗界。”其地域范围包括今围场满族蒙古族自治县的全部，以及隆化县、丰宁满族自治县和内蒙古克什克腾旗、喀喇沁旗、多伦县的部分地方。

据考察，木兰围场最初的面积达 1.53 万平方千米。如今，围场满族蒙古族自治县作为原木兰围场的核心，其面积仍达 9219 平方千米。

木兰围场的七十二围

木兰围场修建后，在康熙皇帝的行围狩猎过程中，为便于行猎，也为了使其余各围内的野兽得以繁衍生息，每次狩猎均根据地形分布划出一定的范围。这样每年轮换狩猎的场地，便逐渐形成了多个小型围场。到乾隆年间（1736—1795），小型围场的地址、地名逐渐形成。到光绪年间（1875—1908），始有“七十二围”之说。

木兰围场的七十二围均以蒙古语命名，只有东、西两个入围的第一围由康熙用满语命名。比如自今庙宫村附近的东崖口进入围场，其第一围是用满语命名的“永安莽喀围”，“永安”满语意为“沙”，“莽喀”满语意为“冈”。

康熙、乾隆、嘉庆三位皇帝每次在木兰围场行围，只选定七十二围中的几围至十几围作为狩猎范围。

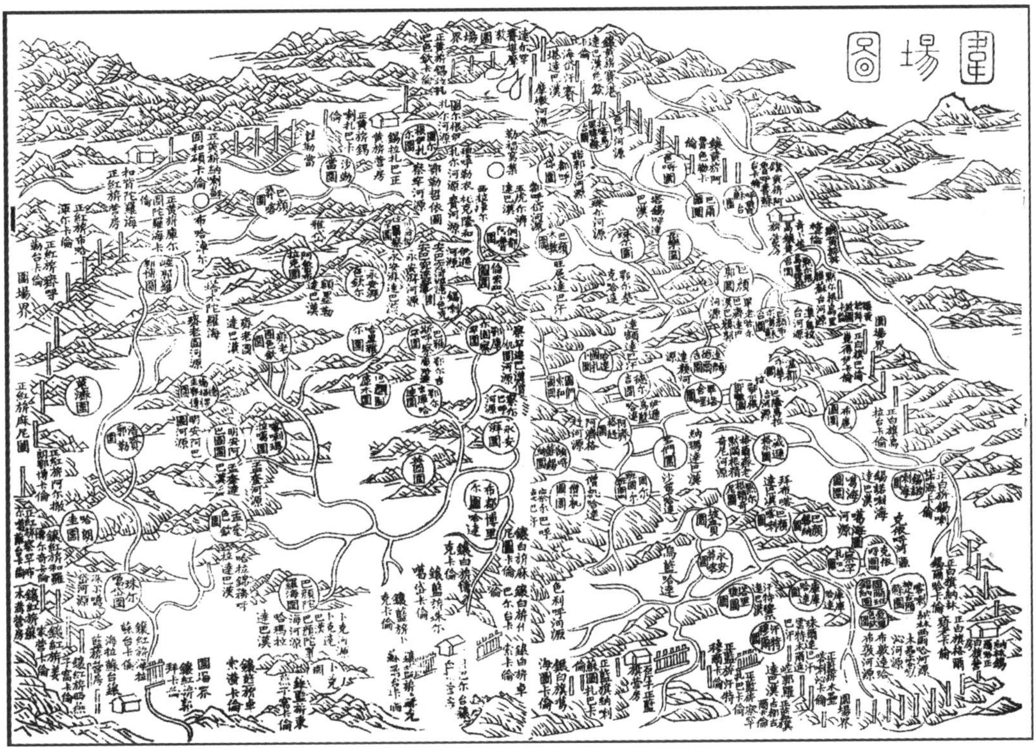

清代围场图——七十二围　　　　选自《承德府志》

木兰围场的管理和保护

木兰围场初设时，由蒙古王公代为管理围场事务。康熙四十五年（1706）设置木兰围场总管大臣，官秩四品。乾隆十八年（1753）改升三品，增设四品翼长 2 名、六品骁骑校 8 名，改六品章京 8 名为五品。嘉庆七年（1802），裁三品总管设副都统。次年，裁副都统，仍设三品总管，归热河副都统管辖。光绪三年（1877），设粮捕厅，也叫围场厅。设粮捕同知 1 名。同年，西围设巡检，并置司狱。光绪三十一年（1905），改粮捕厅为抚民厅。次年，改设西围裁判局。

为对木兰围场进行管护，清代在木兰围场周边设有营房（驻防官兵的住所）和卡伦（哨所），1 个营房统管 5 个卡伦。康熙四十五年（1706）时，木兰围场 8 个营房和 40 个卡伦中共设驻防官兵 101 名，雍正十二年（1734）时增设 90 名，乾隆十四年（1749）和乾隆十八年（1753）两次共增设 689 名。嘉庆十八年（1813）增设卡伦 22 处、兵丁 150 名，建营房 466 间。道光年间（1821—1850），增加兵丁 600 名。至此，木兰围场驻防满蒙八旗官兵共达 1639 名，其中蒙古八旗官兵 585 名。所有驻防官兵均由八旗都统在八旗满洲、蒙古兵丁中挑选，其眷属随同驻防。

对于木兰围场的保护，仅仅依靠十分有限的驻防官兵显然不够，还需要有严格的法律约束。

早在乾隆四年（1739），理藩院就曾奏准：抓获在围场内偷捕牲畜的人犯，如果是蒙古人，交八沟厅[①]理事同知处理，初犯、再犯都打 100 鞭，犯罪 3 次以上的罪加一等。乾隆六年（1741），理藩院又曾奏准：偷捕围场内牲畜者，初犯上枷锁一个月，再犯上枷锁两个月，犯罪 3 次以上的上枷锁三个月，并在围场附近地方示众，上枷锁期满时，都打 100 鞭。如果是蒙古人，则交给札萨克（蒙古语“执政官”的意思）进行严格的约束。情节特别严重的要遣送到边疆地区服刑。乾隆四十一年（1776），乾隆在行围后出今庙宫村一带的东崖口时曾下旨：围场内偷打牲口、砍伐木植人等，胆敢拒捕，情殊可恶。嗣后拿获围场内偷打牲口、砍伐木植人等，仍照旧例治罪外，若有缉拿之时拒捕不肯就擒者，拿获时著加重治罪。其敢于拒捕、致伤缉获之人者，抓获时即行正法。[②]嘉庆二十五年（1820），嘉庆皇帝对盗猎木兰围场内牲畜、盗伐木材也曾作出规定：凡进入围场内打枪、放狗或伐木采菜的人，除照惯例进行治罪外，都要在脸上刺“盗围场”3 个字，进入围场内但没有获得物品的人，脸上也要刺上“私入围场”的字样。

除采取上述各项措施外，清廷还在木兰围场周围设置柳条边、木栅和红桩，限制官民进入围场盗猎牲畜和盗伐树木。

◉ 乾隆皇帝崖口接军书

乾隆四十年八月二十日（1775 年 9 月 14 日），乾隆皇帝率秋狝军旅从位于今庙宫村附近的东崖口入围并举行甸猎，写下《入崖口·乙未》一诗：

① 今平泉县，雍正七年（1729）设八沟直隶厅。

② 〔清〕查美荫、谢霖溥纂修：《围场厅志》（光绪三十四年本），卷首二·诏谕。

入崖口·乙未

源溯伊逊那藉航，野桥度骑妥而康。
双峰画意兴诗思，八月今时即昔光。
例试小围平旬合，仍驱吉骏六钧良。
一狍一箭无多获，适接军书便赐将。

此诗在赞叹东崖口一带的美丽风光和记述甸猎的场景之后，以“一狍一箭”的小有收获与“适接军书”进行映衬，形象地反映了他接到军书后的欣慰之情。显然，军书的价值远远不是打猎的一点收获所能比拟的。因为这里所说的军书，指的是“平定大小金川”之战取得节节胜利的战报。

此军书报告的主要内容是：定西将军阿桂等兵分两路，分攻各碉寨，已经逼近大金川官寨勒乌围，在清军的两面合围下，“贼众”已很难支撑。清军征讨大小金川的战事虽然尚在进行中，但取得最后的胜利已是指日可待。因此，此诗字里行间无不透露出乾隆皇帝内心的喜悦、欣慰之情和赐狍的爱将之心。

此次乾隆皇帝进入木兰围场后，除首先在东崖口内举行一次甸猎外，分别在今腰站镇榆木沟一带、今朝阳湾镇苇子沟一带和今广发永乡境内行围 4 场，射熊 1 只，其他牲畜不计。4 天后，乾隆皇帝在鄂尔衮沟[①]再次收到定西将军阿桂等夜攻克勒乌围贼巢的奏报。乾隆皇帝当天连下 4 道谕旨，对所有将领弁兵从优议叙，赏赐钱粮。同时，将鄂尔衮沟赐名“巴雅尔鄂尔衮沟”。

东庙宫内的乾隆皇帝画像（2017 年）
侯延广　摄

乾隆接到军书的喜悦之情显然是难以抑制的，因为清军“平定大小金川”的战役，从乾隆十二年至四十一年（1747—1776）已经断断续续进行了 30 年之久。

正因如此，乾隆对这两次喜接军书念念不忘。第二年，当乾隆再次到木兰围场，在“巴雅尔鄂尔衮沟”行围后，当蒙古各王公台吉在看城之西请乾隆皇帝赴宴并举行“塞宴四事”

① 鄂尔衮沟，蒙古语，意为“宽沟”，在今围场满族蒙古族自治县朝阳湾镇邢家营一带。

时，乾隆皇帝非常高兴，即席赋诗《于巴雅尔鄂尔衮沟蒙古王公等进宴即席得句》：巴雅尔者，蒙古语谓喜，鄂尔衮则宽也。昨岁于此地，接将军阿桂攻克勒乌围红旗捷至，因此名之。

岁岁宽沟备宴同，嘉名增锡识成功。
仍看列就九驼白，哪望飞来一骑红。
将士凯旋多扈跸，藩屏徽仰问从戎。
宴前次第陈四事，太古王庭溯旧风。

在这次“木兰秋狝”中，“平定大小金川”的有功将士，除阿桂留京办事外，御前大臣丰伸额、海兰察、奎林、隆武、福康安等均随围扈从。当蒙古王公看见丰伸额等，便问藩地的险峻形势和将士们攻碉夺碍的情形，听后无不惊异叹服。

链接：清代规模最大的政治、军事活动——木兰秋狝

清代“秋狝”举行于著名的皇家猎苑——木兰围场，故史称“木兰秋狝”，是康熙皇帝亲自开创并定为祖制的一项重大的政治、军事活动。这一大典，始于木兰围场修建后的康熙二十二年（1683）。但当时的木兰围场叫作“兴安”，这一活动也不叫“木兰秋狝”，而是称为“巡幸塞外”。到乾隆六年（1741），乾隆皇帝第一次出塞行围才开始有“木兰秋狝”一词。

木兰秋狝制度

木兰围场的秋狝大典从康熙皇帝创建起就有着严格的规定。每次木兰行围前，皇帝都先行下旨，预备各项事宜。出发前一天，还要到奉先殿祭告祖先，以保佑秋狝平安。同时，皇上还派扈从的王公大臣、文武官员等在贤良门进行习射，皇上亲自观看，以定优劣，中3箭以上的分别给予相应的奖励。到出发之日，皇帝身穿出征甲衣，乘马出宫，侍卫官和各大臣前引后扈，留守京城的百官都身穿朝服，跪地叩头送行。

行围是严格的军事训练，全过程如行军、出哨、布围、合围、射猎、罢围、驻跸、安营等程序，都有严格的规定，有违犯者绳之以法。对于队形不整

齐、追杀不勇敢者也要严加惩处。同时，还严禁随意践踏庄稼。

进入木兰围场称为“入哨”。康熙年间和乾隆前期，秋狝时进出木兰围场比较随意。自乾隆二十四年（1759）建济尔哈朗图行宫[①]后，车驾行围由今庙宫村附近的“东崖口”进入木兰围场，回銮时便由济尔哈朗图出围，如果由济尔哈朗图进入木兰围场，回銮时则由“东崖口”出围，并成为定制。

“木兰秋狝”时的驻跸大营（御营），也有严格的规制。其总的平面形状是外圆内方。外面为圆形，象征天；中央呈方形，象征大地。南北总长达206尺，东西宽达174尺。

木兰秋狝军旅

康熙二十二年（1683），康熙皇帝首次“出塞行围”时规定，每年派出骑兵1.2万人，分3班赴木兰围场行围，每班4000人。太皇太后、皇后、皇子和六部大臣一同前往。康熙二十三年（1684），康熙皇帝还规定各省驻防八旗兵丁，每年轮流派兵参加秋狝，以使其娴于骑射；盛京[②]、吉林、黑龙江各从官员兵丁中选派30人随扈进哨。据《清史论丛》第二集的有关记载，康熙五十年（1711）赴木兰围场秋狝的八旗兵丁多达3万人。

清代《木兰图》中的驻跸大营图（局部）

① 今河北省隆化县上牛录村。

② 盛京：清留都，即今辽宁省沈阳市。

木兰秋狝大典

“木兰秋狝”的狩猎形式大致有3种：一是“甸猎”；二是“大猎”，也称“大狝”，是一种大型围猎活动；三是“哨鹿”，是满族一种独具特色的传统狩猎方式。

“大猎”分撒围、待围、合围和罢围4个步骤。撒围，即在五更之前，由管围大臣率领蒙古管围大臣、虞卒、八旗军旅、虎枪营士卒、各部落射生手齐出营盘，绕出二三十里地或四五十里地设伏。天明前，中军和两翼一起向看城[①]围拢，驱赶野兽进入围场中的平甸。待围，即等待皇帝入围，是指皇帝从御营起驾，于辰时末巳时初（上午9点左右）时来到看城稍息。当撒出的围圈已渐促渐近，出林间而至草甸，开始合围。皇上便出看城，由皇上和各皇子等先射，然后满蒙王公和各路官兵、猎手们射猎。申时（下午3～5点）罢围，或就草地燃起松桦枝烤鹿肉，遍赐蒙古王公、君臣共同野餐；或回营陈牲数获，颁赏扈从王公大臣官员。

“哨鹿”是以吹木哨或桦皮哨模仿公鹿的叫声，引诱母鹿和其他野兽前来而射杀的一种狩猎方式。黎明前，皇帝带领侍卫及备差人等分3队，出营十余里后，第三队停下，再前行三四里后，第二队停下，又前行二三里将到“哨

东庙宫内壁画（仿清代郎世宁《哨鹿图》）

① 看城，皇帝行围打猎时设在高地的瞭望台。

鹿”之地时，第一队停下。这时，皇帝的身边只有侍卫及扈从之臣十余骑。皇上命令侍卫到“哨鹿”之地，隐藏在密林深处，各戴假鹿头，吹起木哨或桦皮哨，模仿“呦呦”鹿鸣之声，引母鹿前来。此时，其他野兽也会因追逐群鹿来到此处。于是，皇上首先御火枪猎杀。随后按照皇上的旨意，调遣上述3队兵丁，依次上前射猎。皇上在射获猎物后，要取其鲜血饮之，以期延年益寿。乾隆年间，“哨鹿”收获的猎物，最佳的一部分要立刻派人送给皇太后，其余就地分给大家野食。

据统计，从康熙二十二年（1683）康熙皇帝第一次到木兰围场行围，至嘉庆二十二年（1817）嘉庆皇帝第十一次“木兰秋狝”，130多年间，康熙、乾隆、嘉庆3位帝王共在木兰围场举行“木兰秋狝”大典85次。

◉ 嘉庆皇帝在东庙宫赐食蒙古王公

嘉庆二十一年（1816），嘉庆皇帝举行第十次“木兰秋狝”。

农历八月十九日（10月9日）入围时，嘉庆皇帝到位于今围场满族蒙古族自治县四道沟乡庙宫村的“兴安大岭神祠”，亲自拈香祭拜后于第二天开始行围。

农历八月三十日（10月20日），嘉庆皇帝开始返程，再次前往“兴安大岭神祠”拈香祭拜，并于当天赐食蒙古王、贝勒、贝子、公、额驸、台吉等人。

“木兰秋狝”期间，皇帝除赏赐蒙古王、公、台吉等大量金银、冠服、靴带等物品外，举行各种宴会也是进行沟通的必要形式。首先，蒙古王公要例呈“御宴”，即宴请皇上；其次，皇上要“赐宴”蒙古王公；再次，则是皇上“赐食”于扈从王、公、大臣，以及蒙古王、公、台吉及兵丁。

每次行围木兰，蒙古的卓索图盟①、昭乌达盟②的盟长照例要在“巴雅尔鄂尔衮沟”等地联合举办多次以宴请皇帝为主的公宴和家宴。乾隆年间，为体现对蒙古二盟的体恤，乾隆皇帝下旨将数次宴会合为一次。宴会前，要预备白骆驼18匹、鞍马18匹、无

---

① 卓索图盟：清内蒙古诸盟之一。辖喀喇沁三旗、土默特二旗及附牧喀尔喀一旗，共三部六旗。南界盛京边墙，北界昭乌达盟。

② 昭乌达盟：清内蒙古诸盟之一。辖敖汉、奈曼、阿鲁科尔沁、克什克腾、喀尔喀左翼各一旗，巴林、扎鲁特、翁牛特各二旗，共八部十一旗。

鞍马 162 匹、牛 18 头、羊 162 只、酒 81 坛、食品 27 席。在这种规格相当高的宴会上，照例要举行“塞宴四事”。为此，还要事先挑选参加布库的 20 人、什榜的 90 人、教駣的 20 人，预备生驹若干、呈技马 250 匹。

除蒙古二盟例呈“御宴”外，随围蒙古王公等在秋狝期间，皇上随时要举行宴会，这种“赐宴”没有定制。皇帝的“赐食”则是一种范围更大的赏赐，不论官职大小一视同仁，蒙古王、公、台吉和兵丁，以及扈从围猎的王、公、大臣等均在“赐食”之列。正如乾隆皇帝在《看城赐食有作　用前巴颜和乐行围即事韵》[①] 一诗中所说：

停跸看城晓日红，赐餐初弗论卑崇。
随均藩部原都惬，果普羽林腹不空。
家夜淹寒羊与鹿，酸咸调剂雁和鸿。
好行小惠漫生议，养圣大烹意或同。

如果说行围狩猎是彰显皇帝和八旗军队的武功，是施“威”于蒙古各部，以使其不敢有异心，那么，赐食则是施“恩”，使其感恩戴德，诚心向化。这正是清代皇帝对蒙古各部恩威并施的高明之处。正如嘉庆皇帝《蒙古王公等进宴　诗以志事》[②] 一诗中所言：

昭代嘉宾二百年，木兰行狝例张筵。
德威久洽输诚实，心志深孚倍敬虔。
身沐天恩衷益凛，共怀考泽念弥坚。
盈庭趋走皆姻娅，远迈炎刘左右贤。

此次，嘉庆皇帝在位于今庙宫村附近的“伊逊河东大营”赐食蒙古王公等人，是结束本年木兰行围出东崖口时举行的。此后，蒙古王公便依旨各归各部。因此，这次赐食也是一次庆功宴。嘉庆皇帝以赐食的方式犒赏蒙古王公、贵族及兵丁，蒙古王公自然少

---

① 〔清〕查美荫、谢霖溥纂修：《围场厅志》（光绪三十四本），卷首四 · 天章二。
② 〔清〕查美荫、谢霖溥纂修：《围场厅志》（光绪三十四本），卷首六 · 天章四。

不得呈献“诈马”等技艺，以示感恩。

链接：木兰秋狝的“塞宴四事”

“塞宴四事”是木兰秋狝时在宴会前、宴会中和宴会后依次表演的4种娱乐活动，分别为：诈马、什榜、布库和教駣。

宴会前，选良马数百匹，卸去鞍鞯，列队于20里外，选幼童乘马，以枪声为号令，一齐乘马驱驰，直达终点，以先到终点的36名为优胜者，给予嘉奖赏赐，此为“诈马”，即赛马。

宴会时，皇帝驾临，理藩院的官员引导蒙古王、公、台吉等跪地迎接。皇帝坐定后，理藩院的官员带领那些要坐于帐殿内的王公进入殿内，分别坐在左右各自的位置上。其余的蒙古贵族坐在帐殿前面左右分设的蒙古包中。首先，皇上进茶，各王、公等要站起身，行叩礼。皇上吩咐各王、公等饮茶，各王、公等再叩头，跪着把茶喝完，坐下。皇上进膳时，侍奉进膳的官吏把盛满蒙古人所献美酒的酒爵交给事先选定为晋爵者的蒙古王公，由其恭敬地把酒爵捧到皇上御座前，并退回原位，跪地叩头，其他人也随着跪叩。皇上喝完酒，晋爵者站起身再到御座前接爵并退回。其次，皇上赐食。赐食后，由蒙古语叫作“绰尔齐”的蒙古胡笳奏曲人和“什榜”的表演者进入帐殿，叩头后鼓喉演唱，并以笳、管、筝、弦、阮、火布思等乐器伴奏，为皇上进食助兴。此为“什榜”，即演奏蒙古音乐。

清代《木兰图》中的布库表演（局部）

皇上用餐后，开始用茶。这时，就要表演“布库”，即摔跤。两人对峙，以将对方摔倒扑地为胜者，胜者赏赐饮酒。

最后，皇上要观赏的是“教駣”，即骑三四岁的生马驹。由20名蒙古王公子弟中擅长驯马者，手拿长杆，在骑马奔驰中投掷长杆将生马驹绊住，然后给其套上鞍鞯。开始时，生马驹狂奔怒跳，乱踢乱咬，骑生马驹的人看准时机，腾跃于马上，加鞭狂奔，继而控制自如，驯去生性。

◉ 嘉庆皇帝敕建东庙宫并题壁

东庙宫供奉的“兴安大岭神”，也叫“塞罕佛”或“塞北佛”，这是因为在康熙年间木兰围场叫作“兴安”，而木兰围场西北部的塞罕坝①叫作“兴安大岭”，“兴安大岭神”传说是康熙在兴安大岭御封的三足金蟾。

有关致祭“兴安大岭神”的记载始于乾隆年间。嘉庆十五年九月（1810年10月），嘉庆皇帝在木兰围场举行第五次“木兰秋狝”时，曾谕军机大臣等：“兴安大岭于塞北诸山最为崇峻，且灵应素著，屡见于皇考高宗纯皇帝圣制集中。向来进哨以前，必派亲王带领喇嘛两次前往致祭。”在这一谕旨中，嘉庆皇帝十分明确地指出“兴安大岭”因为“灵应素著”而在乾隆皇帝的诗文中多次提及，这也正是每次进入木兰围场行围前一定要派人“前往致祭”的原因。

在这一谕旨中，嘉庆皇帝还说：“本年朕行狝木兰，晴雨应时，聿昭顺佑，应加隆望秩，以协怀柔。著交礼部查明从前祀典内曾否载入，如本有旧章，即将仪文节目详录具奏。如未列祀典，著礼部详议崇祀。即不能与五岳并尊，亦应仿照四镇之仪，酌定典礼，并拟定神位封号。致祭时增设神幄，书写神牌供奉，以昭虔敬。奏定后载入则例，永远遵行。”于是，根据这一旨意，经礼部官员商议，并经嘉庆皇帝批准，决定“照列镇之例，每岁仲春派热河都统望祭。至仲秋行狝木兰，由行在礼部奏派王大臣致祭。倘遇停止进哨之年，仍令都统致祭”。

对于“兴安大岭神”，乾隆皇帝不仅多次“致祭”，且在其诗文中多次提及。嘉庆

---

① 塞罕坝，即“塞堪达巴罕色钦”，蒙古语，意为美丽的山岭下有河源。“塞堪达巴罕”是美丽的山岭，“色钦”是河源。

东庙宫后殿内的龙床、龙椅等物品（2016 年）　　孙兆岭　摄

皇帝也十分重视其“典礼”和“神位封号”，以表达虔敬之意。但“兴安大岭”毕竟处于木兰围场的西北，“木兰秋狝”时无论是从位于今庙宫村附近的东崖口入围，还是从位于今隆化县步古沟的西崖口入围，其路途都十分遥远。按照“木兰秋狝”的惯例，每次皇帝行围打猎不过 20 天左右，从时间上看不可能每次都能到达“兴安大岭”。何况每次行围还要根据每个地方猎物的多少和禽兽的繁衍情况等来确定在哪些地方进行射猎。这样年年轮换狩猎的地方，从猎场的选择上看也不可能每次都能到达“兴安大岭”。因此，皇帝无法每次都去“兴安大岭”亲自拈香祭拜。

于是，嘉庆皇帝决定将“兴安大岭神”请到每次进入木兰围场时都能经过的东崖口，以方便亲自拈香祭拜。即使有时从西崖口进围，也方便礼部派官员前去致祭。

嘉庆十六年七月二十日（1811 年 9 月 7 日），嘉庆皇帝从圆明园启銮再次举行“木兰秋狝”。九月初三（10 月 19 日）从木兰围场回銮时驻跸位于今庙宫水库一带的“伊逊东御营”。第二天下旨，“命于木兰东哨门内建立兴安大岭神祠，定每年秋狝经行，亲诣拈香。其由西崖口进哨之年，行在礼部奏请派员致祭”。从此，每次“木兰秋狝”时致祭“兴安大岭神祠”便成为定制。

嘉庆十七年八月二十日（1812 年 9 月 25 日），嘉庆皇帝“木兰秋狝”来到东崖口新建成的兴安大岭神祠时亲自拈香祭拜兴安大岭神，并写下了《入崖口》[①] 一诗：

① 〔清〕查美荫、谢霖溥纂修：《围场厅志》（光绪三十四年本），卷首六 · 天章四。

廿里平原度小村，峰如户牖岭如门。
御碑旧建瞻崇坂，神庙新成绕短垣。
倚壁岚光秋日绚，临崖林景晓霞翻。
伊逊曲折浮梁接，甸猎初开千骑屯。

这一次，嘉庆皇帝回銮时并没有从西崖口出围，而是再次回到了东崖口，并在亲自拈香祭拜兴安大岭神后，为东庙宫后殿题壁：

出崖口[①]

晓谒神祠憩别墅，告成狝典启归鞍。
疏林淡雅霜弥重，峭壁高森风益寒。
云影轻翻紫崖峤，涨痕全退白沙滩。
行宫颁赏慰藩部，猎士名王遍赐餐。

从上述诗句可知，兴安大岭神祠（正门题额为“敦仁镇远神祠”），即东庙宫，不仅是嘉庆皇帝祭拜兴安大岭神的重要祠庙，其后殿还是接见随围蒙古王公并颁赏、赐宴之地。同时，也正是有了这一祠庙，嘉庆皇帝才于嘉庆二十二年（1817）仿照东庙宫样式修建与东庙宫遥遥相望的西庙宫，即“协议昭灵神祠”。

◉ 黄钺伊逊河东食细鳞鱼

清代康熙、乾隆、嘉庆三位皇帝“木兰秋狝”时，要先期派遣护军统领所率领的先遣部队，会同武备院卿、司幄以及工部的官员，赴木兰围场选定驻跸地址，并扎设“驻跸大营”，即“御营”。“驻跸大营”占地数百亩，重门拱卫，星庐环布，旗幡招展，威严壮观。

康熙年间，康熙皇帝从东道进入木兰围场时，一般驻跸于“阿贵图大营”。

乾隆三十四年（1769），乾隆皇帝举行第二十三次“木兰秋狝”，农历七月初八奉

① 〔清〕查美荫、谢霖溥纂修：《围场厅志》（光绪三十四年本），卷首六·天章四。

皇太后从圆明园启銮，十四日到达承德避暑山庄，驻跸到八月十五中秋节。八月十六日从避暑山庄启銮赴木兰围场。十九日沿伊玛吐河谷北上，从西崖口入围。从二十日起，在今半截塔镇、燕格柏乡、大唤起乡、哈里哈乡、棋盘山镇、龙头山镇一带围猎 16 天，共行围 15 场，于九月初五行围后首次驻跸伊逊河东大营。

伊逊河东大营，也称伊逊河东御营，位于今围场满族蒙古族自治县四道沟乡庙宫村附近的庙宫水库一带，东为曲折南流的伊逊河，隔河为广阔的山间平甸，为进入木兰围场时经常举行甸猎之地。伊逊河水流平缓，多细鳞鱼。

嘉庆年间（1796—1820），大臣黄钺[①]随扈嘉庆皇帝“木兰秋狝”，在伊逊河东大营曾因吃细鳞鱼而写下《伊逊河东食细鳞鱼》[②]一诗：

卓歇伊逊上，秋风落叶初。
何图木兰塞，重见菜花鱼[③]。
在远未谙饵，忘机乃误渠。
晚餐辄停箸，不敢当园蔬。

黄钺在“重见菜花鱼”一句注中说：“鲈鱼初出者名菜花鱼。曾于吴江舟中食之。兹鱼巨口重唇，身有微斑，酷似其状。”诗中说：在秋风乍起、落叶纷飞的季节，于建帐休息时来到伊逊河边垂钓，哪里想到在塞外的木兰围场竟再次看到了菜花鱼。然而，垂钓的技巧并不熟练，所以在晚餐时，面对盘中的细鳞鱼却停下筷子，不好意思当作园中的蔬菜一样来食用。

细鳞鱼，满语称“箬漠薛”，蒙古语称为“集伯格”，属鲑科，状似鲈，嘴小牙多，身有黑色小圆斑，鳞片细小面圆，一般栖息于海拔 1000 米以上的山涧溪流。因为生长慢，五六年才成熟，所以肉质鲜美，是世上罕见的冷水性山麓鱼种。汪灏《随銮纪恩》中曾记录了康熙四十二年（1703）随扈康熙皇帝行围木兰的一些有关情况。文中记述当

① 黄钺(1750—1841)，字左田，又名左君，号壹斋、左庶子。历仕乾隆、嘉庆、道光三朝，是著名的教育家、画家、艺术评论家。

② 〔清〕查美荫、谢霖溥纂修：《围场厅志》（光绪三十四年本），卷之十三·艺文三。

③ 菜花鱼，也叫塘鲤鱼、鲈鱼。因细鳞鱼也属鲈鱼，故黄钺称细鳞鱼为菜花鱼。

康熙皇帝一行翻过汗特木耳岭[①]到一条河边时，按照康熙皇帝的指令，汪灏等人陪同皇太子在河边垂钓。傍晚时，康熙皇帝还将自己钓到的细鳞鱼赏赐给王公大臣们。他说，南方人吃鱼以鲥为最佳、最名贵，却不知道乌喇的细鳞、柘条两种味道更胜于鲥鱼。皇帝所赐的鱼都超过一尺。汪灏描述道："细鳞如粟，金光灿目，而鳞背上黑斑如豆，排列成行，鱼腹一线中分，脊翅后多一鳍翅。嘴有重唇，是鱼中罕见者。"

木兰围场的伊逊河发源于与塞罕坝高原接壤的今哈里哈乡北部，这里海拔较高，是细鳞鱼的主要生长地，故有大量的细鳞鱼顺流而下到达庙宫。由于人类经济活动、过度捕捞等原因，细鳞鱼已濒临灭绝，是国家二级保护水生野生动物。

链接：乾隆皇帝盛赞伊逊水和箬漠薛

嘉庆皇帝敕建的东庙宫，后依壁立的青山，前临曲折南流的伊逊河。该河为滦河一级支流，古称伊松河，又作宜孙河、仪粟河，俗称羊肠河。"伊逊"蒙古语意为"九曲"，指伊逊河"凡九转而至崖口，故俗又谓之羊肠河"[②]。

伊逊河发源于木兰围场的"伊逊色钦"。"色钦"，蒙古语，意思是河源。"伊逊色钦"即伊逊河源处，在今围场满族蒙古族自治县哈里哈乡北部。此地与塞罕坝相接，称为"坝底下"。清朝大臣黄钺在《扈从上兰纪事诗》[③]中对伊逊河的描写是："但听河声不见河，羊肠一线草中过。经行阔处临流翫，讶是庐沟却白波。"并在诗注中说："伊逊河俗名羊肠河，窄处多为丰草所被，水色若黑，勺之仍清流也。"

乾隆皇帝是一个对烹茶用水很有心得的人，他不仅于乾隆四十七年（1782）专门写有《伊松河诗》[④]，而且还曾对用伊逊河水烹茶专门写诗赞美。

乾隆十八年（1753）秋，乾隆皇帝在木兰围场行围时写下了《汲伊逊水烹

---

① 今围场满族蒙古族自治县四道沟乡域内的骆驼梁。

② 〔清〕查美荫、谢霖溥纂修：《围场厅志》（光绪三十四年本），卷之四。

③ 〔清〕查美荫、谢霖溥纂修：《围场厅志》（光绪三十四年本），卷之十三 · 艺文三。

④ 〔清〕查美荫、谢霖溥纂修：《围场厅志》（光绪三十四年本），卷首五 · 天章三。

茶》诗[①]：

所遇名泉必试品，杨子第一故籍甚。
庐山瀑帘虽未悉，以此知彼岂虚审。
玉泉伊逊真巨擘，难为伯仲均天禀。
标名趵突泽皇都，涧瀌利永阜丰廪。
塞蒐此地每经过，可无表德垂终稔。
是时秋烟正霁川，驾鹅翔集鱼鲔淰。
毡庐绠汲煮行铛，清赏作歌乃自朕。
蟹鱼懒举火候常，肘腋漫道风生凛。
八功德水宛在盂，浮玉涌金尽敛衽。
讵惟擒藻供浇书，一时万幕资烹饪。

诗中明确提出，京师玉泉山的水和木兰围场伊逊河的水是真正的水中极品，二者难分高下，都是上天赐予的好水。在这伊逊河畔秋高气爽之时，看着空中的飞鸟和水中的游鱼，一边品尝用伊逊水烹煮的香茶，一边“清赏作歌”，这样的清雅就是从朕开始的。用伊逊水烹煮的香茶就像须弥山下大海中的八功德水盛在茶碗中一样，金玉之光在水面上闪耀浮动，使人顿生恭敬之心。

乾隆皇帝在乾隆二十八年（1763）御制癸未《荷露烹茶》注中说：“水以轻为贵。尝制银斗，较玉泉水井重一两，惟塞上伊逊水尚可相埒。”[②] 在《玉泉山天下第一泉记》中也有记载，乾隆皇帝曾用特制的银斗量各地名泉水的轻重，北京玉泉山的水斗重一两，塞上伊逊河的水也斗重一两，济南珍珠泉的水斗重一两二厘，扬子江中泠泉水斗重一两三厘，无锡惠山泉水、杭州虎跑泉水比玉泉水斗重四厘，苏州虎丘泉、北京西山碧云寺泉水各斗重玉泉水一分。因此北京玉泉水为“天下第一泉”。而伊逊河的水与玉泉山的水斗重一样，难怪乾隆皇帝说玉泉水和伊逊水“难为伯仲”了。

---

① 〔清〕查美荫、谢霖溥纂修：《围场厅志》（光绪三十四年本），卷首五·天章三。

② 〔清〕查美荫、谢霖溥纂修：《围场厅志》（光绪三十四年本），卷首五·天章三。

伊逊河的水是好水，好水中又有好鱼。乾隆二十年（1755）秋，乾隆皇帝在木兰围场举行第九次“木兰秋狝”时，并写下了《箬漠薛诗·有序》[①]：

鱼名，出口外诸溪涧中，状似鲈，而味鲜美过之。国语谓之“箬漠薛”，蒙古谓之“集伯格”。然尚不如吉林之赭鲈也。偶尔成咏，以备方言。

九曲伊逊水，有依苇尾鱼。
细鳞秋拨刺，巨口渡吹嘘。
阴益食单美，轻嗤渔谱疏。
还应问张翰，所忆定何如？

从上诗的序言中看，当时塞外的各溪水中都有箬漠薛（细鳞鱼）。在乾隆皇帝看来，细鳞鱼虽然比不上吉林的赭鲈，但味道也称得上极为鲜美。所以，在描写伊逊河中的细鳞鱼于秋水中摆动长尾疾游、大口嘘气的场景后，笔锋一转，直抒将布单子铺在地上摆上烧好的细鳞鱼进行野餐的快乐心情，进而暗自嗤笑“渔谱”中竟疏漏了烧制细鳞鱼这一美味。由此便想问问张翰[②]，你所思念的吴中鲈鱼比起伊逊河中的细鳞鱼又怎么样呢？

◉ 道光皇帝、光绪皇帝敕封守庙官及其家人

据有关史料记载，木兰围场建立初期由蒙古王公代为管理围场事务，从康熙四十五年（1706）起，开始设置木兰围场总管大臣。同时，清代还在木兰围场周边设有八旗营房，1 个营房统领 5 个卡伦。营房和卡伦中驻防的满蒙八旗官兵并不多，康熙年间平均只有 2 人左右，乾隆年间也平均只有 18 人左右。修建东庙宫后，嘉庆皇帝也未增加兵力，其驻防兵力与乾隆年间差不多。两年后，增设卡伦 22 处，并增兵 150 名，其每个营房和卡伦中的驻防满蒙八旗官兵平均只有 15 人左右。

---

① 承德民族师范高等专科学校、《承德府志》校点组点校：光绪朝重订《承德府志》（校点本），辽宁民族出版社，2006 年，第 828 页。

② 张翰：西晋吴郡吴县（今江苏苏州）人，字季鹰，文学家。曾因厌恶王室争权，推托说见秋风起而思念家乡的菰菜、莼羹、鲈鱼脍，于是弃官还乡，由此便有了“莼鲈之思”的典故。

当时，今东庙宫一带由正蓝旗营房管辖，营房设在今隆化县的石片村，称“南之东营房”。营房及其下属5个卡伦中的官兵与其他营房和卡伦一样，主要任务是负责木兰围场的管护，但正蓝旗营房官兵还有一个特殊的任务，就是管护东庙宫。当然，东庙宫内还设有专人守庙，在附近还设有守庙人的“香火地”，自耕自用。据《围场厅志》记载：“东庙宫原留香火地二顷”[①]。

关于历年来看守东庙宫官员的详细情况，现尚未发现可靠的文字记载。但围场满族蒙古族自治县档案馆收藏有道光、光绪年间的四道圣旨，均来自原居住在庙宫村一带的那氏一家，是赠封当时看守东庙宫官员及其妻子、父母的四道敕令。从这四道圣旨看，那氏一家的祖辈不止一人曾经做过看守东庙宫的官员。各敕书汉文原均为繁体字，现用简体汉文移录（其中标点符号为编者所加）。

第一道圣旨是道光皇帝于道光二十五年十月十五日（1845年11月14日）赠封围场骁骑校[②]莫尔根及其妻子的，黄绢，长2.5米，宽33厘米。因莫尔根效力军中，长期在严疆要塞捍卫境内安全，授为“武略骑尉”，为正六品武职。因莫尔根妻子卜氏忠诚和顺，持家有方，与夫君共勉互助，日夜辛劳，封为“安人”[③]。

奉天承运皇帝制曰：职典五兵，聿重偏裨之任。名高列校，允推骁果之才。尔围场骁骑校莫尔根，效力戎旃，立勋军府。克共武事，行间著有勤劳。久历严疆，境内资其捍卫。兹以覃恩，授尔为武略骑尉，锡之敕命。於戏！诞敷宠泽，用酬固围之功。祇服恩纶，益励宣威之略。

制曰：宣力奏功，固赖同心之喆配。推恩逮下，聿昭盛世之隆规。尔围场骁骑校莫尔根之妻卜氏，效顺于家，能宜其室。俻切箴规之助，宵旦殷勤。式逢庆泽之施，丝纶璀璨。兹以覃恩，封尔为安人。於戏！淑德扬於中馈，树乃壶仪；休章锡自天朝，钦予时命。

围场骁骑校

道光二十五年十月十五日

莫尔根本身妻室

---

① 〔清〕查美荫、谢霖溥纂修：《围场厅志》（光绪三十四年本），卷六·田赋。

② 官名。清代军队中设有受各旗都统直接统率的骁骑营，骁骑校为直接受都统与副都统、参领管辖的军官。

③ 清代六品官之妻的封号。

道光二十五年十月十五日赠封围场骁骑校莫尔根之父母的圣旨

第二道圣旨是道光皇帝赠封围场骁骑校莫尔根父母的，赠封日期与上一道圣旨相同。黄绢，长 2.5 米，宽 33 厘米。因围场骁骑校莫尔根之父富隆阿、之母白氏教子有方，使其子尽职尽责，为军中增采，分别封为“武略骑尉”和“安人”。

奉天承运皇帝制曰：奋扬威武，固资宣力之臣。敷锡宠光，用表推恩之典。尔富隆阿，乃围场骁骑校莫尔根之父，躬修克毖，庭训时勤。门祚开祥，早授豹韬之略。天家有庆，聿颁鸾采之书。兹以覃恩，赠尔为武略骑尉，锡之敕命。於戏！义方懋著，其教思果堪负荷。休命用酬，其诒谷慰尔劬劳。

制曰：戎事宣劳，每兴怀于将母。王廷沛泽，爰锡类以荣施。尔白氏乃围场骁骑校莫尔根之母，克修壶则，聿著母仪。教子矢忠荩之诚，兜鍪增采。酬庸本庭帏之训，纶綍生光。兹以覃恩，赠尔为安人。於戏！际燕喜之昌期，宁忘国命。受鸾翔之典册，丕振家声。

围场骁骑校

道光二十五年十月十五日

莫尔根之父母

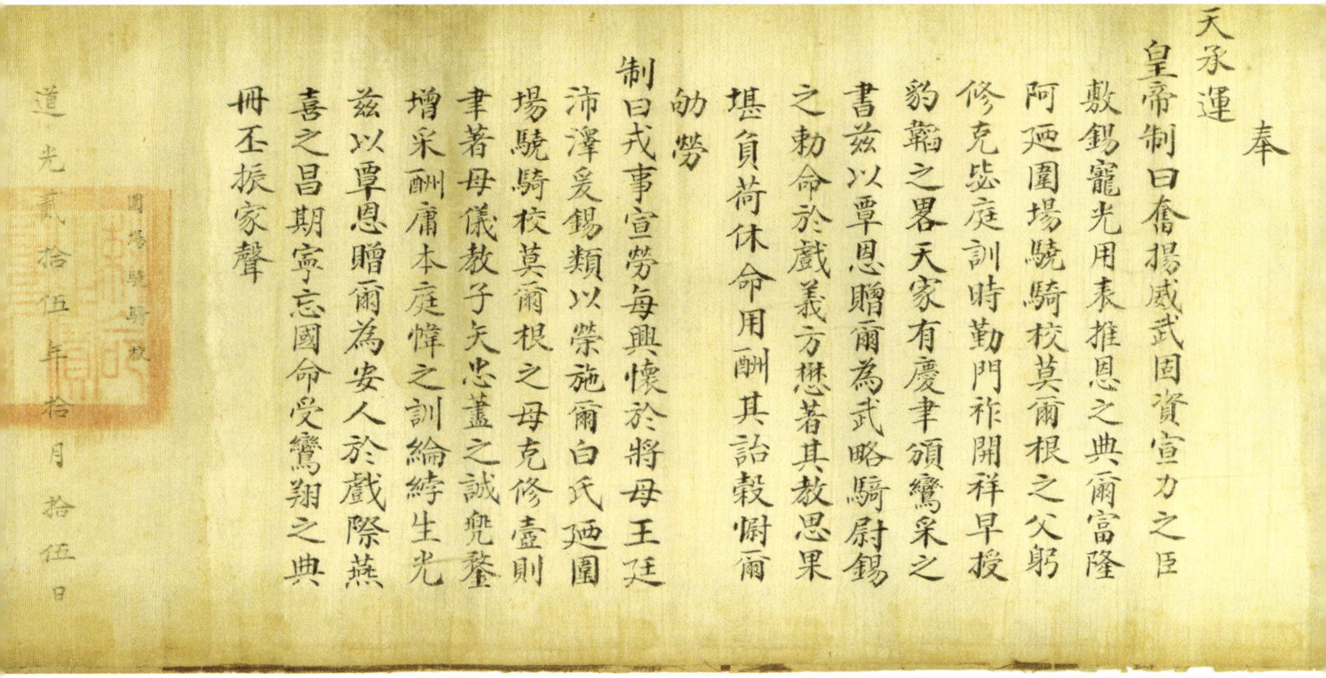
奉
天承運
皇帝制曰奮揚威武固資宣力之臣
敷錫寵光用表推恩之典爾富隆
阿廸圍場驍騎校莫爾根之父躬
修克毖庭訓時勤門祚開祥早授
豹韜之畧天家有慶聿頒鸞采之
書茲以覃恩贈爾為武略騎尉錫
之勅命於戲義方懋著其教思果
堪負荷休命用酬其詒穀慰爾
劬勞
制曰戎事宣勞每興懷於將母王廷
沛澤爰錫類以榮施爾白氏廼圍
場驍騎校莫爾根之母克修壼則
聿著母儀教子矢忠藎之誠兜鍪
增采酬庸本庭幃之訓綸綍生光
茲以覃恩贈爾為安人於戲際燕
喜之昌期寧忘國命受鸞翔之典
毋忝振家聲
道光貳拾伍年拾月拾伍日

围场县档案馆　提供

第三道圣旨是光绪皇帝于光绪十六年三月二十二日（1890 年 5 月 10 日）赠封围场正蓝旗委署骁骑校秀全的父亲阿克达春和母亲卢氏的。黄绢，长 2.5 米，宽 33 厘米。从圣旨内容看，骁骑校秀全是当时正蓝旗官署缺员时委派代理的官员。其父阿克达春是八旗兵中的“马甲”，即一个普通的士兵。圣旨中，封阿克达春为“奋武佐校尉”[①]，封卢氏为“八品孺人”[②]。

奉天承运皇帝制曰：奋扬威武，固资宣力之臣。敷锡宠光，用表推恩之典。尔马甲阿克达春，乃围场正蓝旗委署骁骑校秀全之父，躬修克毖，庭训时勤。门祚开祥，早授豹韬之业。天家有庆，聿颁鸾采之书。兹以覃恩，貤赠尔为奋武佐校尉，锡之敕命。於戏！义方懋著，其教思果堪负荷。休命用酬，其贻谷慰尔劬劳。

制曰：戎事宣劳，每兴怀于将母。王廷沛泽，爰锡类以荣亲。尔卢氏，乃围场正蓝旗委署骁骑校秀全之母，克修壶则，聿著母仪。教子矢忠荩之忱，兜鍪焕

---

① 奋武佐校尉是清武散官名，从八品。

② 古时称大夫的妻子为“孺人”，明清时为七品官的母亲或妻子的封号。

光绪二十年八月十六日赠封正黄旗防御秀全之父母的圣旨

采。酬庸本庭帏之训，纶綍生光。兹以覃恩，貤赠尔为八品孺人。於戏！际燕喜之昌期，宁忘国命。受鸾翔之典册，丕振家声。

围场正蓝旗委署骁骑校

光绪十六年三月二十二日

秀全之父母

第四道圣旨是光绪皇帝于光绪二十年八月十六日（1894 年 9 月 15 日）赠封秀全的父亲阿克达春和母亲卢氏的，与前一道圣旨相隔 4 年多的时间。为三色丝绢，长 3.5 米，宽33厘米。从圣旨内容看，秀全的官职已由正蓝旗委署骁骑校变为正黄旗防御①。圣旨中，封阿克达春为“武德骑尉”②，封卢氏为“宜人”③，并赐“翟茀”④。

奉天承运皇帝制曰：秩分介胄，克抒报国之忱。教始庭闱，诞启析薪之祚。尔马甲阿克达春，乃正黄旗防御秀全之父，禔躬笃行，训子义方。燕翼维勤，殚身心于韬略。象贤能继，廓大业于弓裘。兹以覃恩，赠尔为武德骑尉，锡之诰命。於戏！恩光上逮，式膺殊渥之施。惠泽下流，益表令名之著。

制曰：家法严明，奖教忠之旧德。壶仪纯备，嘉徙宅之前劳。尔卢氏，乃

① 清代驻防旗兵低级军官之名，设于佐领之下。

② 武德骑尉是清朝正五品武官。

③ 明清时为五品官的母亲或妻子的封号。

④ 古代贵族妇女所乘的一种车子，车帘两边或车厢两旁以翟羽为饰。

围场县档案馆　提供

正黄旗防御秀全之母，早习规箴，夙娴训典。相夫以礼，式彰聚敬之风。教子有成，茂展策勋之志。兹以覃恩，赠尔为宜人。於戏！锡翟茀以扬徽，休声益著。贲鸾函而焕采，茂祉长绥。

正黄旗防御

光绪二十年八月十六日

秀全之父母

敕书又称“敕命”，是封建皇帝颁赐爵位的诏令。明清两代赠封六品以下的官职称为“敕命”，是朝廷赐封官职的命状，也是受敕封者获得赠封荣誉的“证明”。敕书有一定的格式，褒奖赞誉的语句是固定的套语。上述四封敕书正面右均为汉文，左均为满文，汉文部分为工整的楷书，左面的满文与右面的汉文之间盖有方形御印。其中，道光年间两封敕书御印的文字为“敕命之宝”，光绪年间两封敕书御印的文字为“制诰之宝”。敕书保存基本完好，但均有飞边残缺。

据那氏一家的后辈那英旺（79 岁，满族）、那思远（54 岁，满族）等人回忆，“文化大革命”时，家里怕圣旨被人发现，惹来灾祸，就把家里的土墙挖出一个大洞，把圣旨藏在里面，外面再抹上黄土泥。但是没想到还是被红卫兵发现了，他们看到墙上的泥是新抹的，就强行挖开，把圣旨拿走了，被拿走的圣旨放在大队部里。20 世纪 90 年代后，圣旨被围场县档案馆收藏。

东庙宫后殿（2015 年）　　孙兆岭　摄

艺文杂记

清代“木兰秋狝”是一项重要的政治、军事活动。因此，乾隆、嘉庆两位皇帝和当时的一些文臣在历次“木兰秋狝”活动中有感而发，写下了许多描写出入“东崖口”或者描写举行“㕙猎”的诗作，仅《围场厅志》（光绪三十四年本）中就收录此类诗作近百首，是“木兰秋狝”文化的重要组成部分。

艺文所载多扈驾诸王大臣随围赓和之作，神皋胜境以班扬燕许之笔写之，诚足为山川生色矣。

◉ 清代帝王和文人诗选

帝王诗选

入崖口作·癸酉

〔清〕爱新觉罗·弘历

萦纡塞外赴山蹊，雾敛高峰秋色凄。
仙境直攀千级磴，雄关谁藉一丸泥。
嘬榛石鼠如飞掷，隐叶山禽不住啼。
灵囿天成教习武，往来每为驻骢蹄。

入崖口·丙子

〔清〕爱新觉罗·弘历

底须连纲结周阹，猎壤神皋控广舆。
自有万峰作郛郭，天然双嶂是门闾。
入来草木皆仙意，无碍山河只古初。

怀远习劳家法凛，讵因哨鹿每勤予。

入崖口・丁丑

〔清〕爱新觉罗・弘历

九曲伊逊出峭崖，岩关秋色正清佳。
行时阅武仍于是，旧部新藩率与皆。
缘栈疑从画屏度，俯溪每听绿琴谐。
常年命驾非耽乐，仁祖鸿模慎永怀。

入崖口・己卯

〔清〕爱新觉罗・弘历

九曲伊逊水，双尖崖口山。
又将试秋狝，曾未改峰颜。
习武朝家重，来王诸部闲。
驼铃过辎重，活画翠岩间。

入崖口・辛巳

〔清〕爱新觉罗・弘历

九转伊逊涨始消，吉骢揽辔度溪桥。
按程也欲舆情惬，习猎从来典制昭。
红点绿林蜀锦织，水淙石激塞琴调。
岩葩尽是芬陀利，便尔香山未觉遥。

入崖口・乙酉

〔清〕爱新觉罗・弘历

九曲转羊肠，崖口实扼要。
于天法汉横，于地象河绕。
孕育辟灵境，富有供猎校。
诘戎具深意，祖武敢弗劭。

是时正快霁，紫翠绘万峭。
旧藩及新附，执役咸如约。
抚此益戒慎，讵曰斯寻乐。

入崖口・丁亥

〔清〕爱新觉罗・弘历

溯源九曲水，扼要两崖山。
地限神仙境，天开虎豹关。
锦屏围匼匝，琴峡泻潺湲。
小猎宜新霁，诸藩喜动颜。

入崖口・戊子

〔清〕爱新觉罗・弘历

壁立几千仞，萦回九曲流。
笙竽吹谡籁，锦绣绘清秋。
过峡得宽甸，小围例试蒐。
惊狍一发中，驰进命官邮。

入崖口・庚寅

〔清〕爱新觉罗・弘历

崖口入围场，川围小试张。
野流左复右，塞树绿兼黄。
见猎心犹喜，少年习未忘。
然今知郑重，弗亟骤龙骧。

入崖口・辛卯

〔清〕爱新觉罗・弘历

河非亦九曲，地险设双崖。
秋景依然好，小围按例排。

马调狍足怯，鹰攫雉毛筵。
十里毡庐近，拈吟正复佳。

入崖口·甲午

〔清〕爱新觉罗·弘历

柳条边界植援措，九曲伊逊又溯之。
排闼两峰锦与绣，张屏四面画兮诗。
悬流水响平流寂，远望山高近望卑。
岂不常年熟经历，一回到别一兴思。

入崖口·丙申

〔清〕爱新觉罗·弘历

伊水崖口才五度，伊逊崖口乃九回。
木兰行围率由入，壁立万仞一线开。
一夫当关万夫退，年年秋狝惯往来。
成功将士群扈跸，金川险闻倍此哉！
不翼而飞附而上，坚碉林立无弗摧。
既喜既惧既怜悯，身异尔劳心实陪。

入崖口小猎作·辛丑

〔清〕爱新觉罗·弘历

我昔伊水游崖口，无过即景吟数首。
木兰行猎崖口经，习武家法惟敬承。
以此较彼轻重拟，我意在此不在彼。
去年大庆因罢围，今岁依例秋狝举。
通闰林凋塞草黄，鹰眼疾马蹄轻矣。
驻营平甸试小猎，三狍连中众忭喜。
臂病兼之逾古稀，自揣不谓能如是。
斯实宿学所致然，可以絜矩于万里。

入伊逊崖口作

〔清〕爱新觉罗·弘历

轻舆历揽好西成，崖口晨经喜快晴。
九曲山川隔年景，八旬风月共秋清。
塞围重试叨天佑，阁本传来阅御营。
习武宁当敕几懈，诸凡顺适惕尤诚。

入崖口

〔清〕爱新觉罗·颙琰

崖口新开东复东，虞人修治路仍同。
行车可避河流窄，策骑奚妨山径崇。
皎洁秋阳辉上塞，离披朝雾卷遥空。
先排甸猎循前典，后序训言永佩衷。

入崖口

〔清〕爱新觉罗·颙琰

东口伊逊西布克，地灵境胜总天成。
沙平草浅峰峦绕，日朗云开岩岫明。
期约虞人齐设列，欢腾藩部共趋迎。
命排甸猎循成宪，戒怠习劳作式程。

出崖口

〔清〕爱新觉罗·颙琰

秋狝旬余旋六辔，朝晖晃耀碧崖东。
千寻峭壁层霄立，九曲清流邃谷通。
塞囿回銮遵典则，山村纳稼庆绥丰。
行营锡宴还游牧，永守先言亿载同。

出崖口

〔清〕爱新觉罗·颙琰

较猎依旬狝典成，和门拂曙启归程。
溯洄碧水沿蹊绕，灿烂丹枫映旭明。
峻岭层峦屏嶂抱，小村平甸景光更。
依崖置木分疆界，庶尹虞人互送迎。

出崖口

〔清〕爱新觉罗·颙琰

狝典既成六御旋，路循崖口转层巅。
径穿枫坂百寻嶂，桥架沙冈九典川。
回首群峰环上塞，迎眸多稼获良田。
平原廿里行宫近，颁赐诸藩肆绮筵。

文人诗选

恭和圣制出崖口元韵

〔清〕刘纶[①]

磨崖大字纪亲蒐，旋轸浑忘路阻修。
翠嶂双排开石骨，朱阑一折界云头。
回瞻雁砦鸿天晚，直指烟村水市秋。
此际观风知倍喜，坻京比似去时稠。

① 刘纶（1711—1773），清江苏武进（今常州）人，字眘涵，号绳庵。乾隆元年（1736）以廪生举博学鸿词试，授编修。参与修《清世宗实录》，累迁内阁学士。乾隆十五年（1750），以工部侍郎兼军机大臣，前后入值军机处近20年，与刘统勋同为乾隆所倚任，有“南刘东刘”之称。累官至文渊阁大学士兼军机大臣。

恭和圣制入崖口元韵

〔清〕索绰络·观保[①]

瓯脱天开屹两崖，到来眼底得清佳。
叠屏山讶驼峰似，度岭人看蚁垤皆。
岚气每于云气合，松声时与水声谐。
习劳不为游观乐，好景偏如竚睿怀。

恭和圣制出崖口元韵

〔清〕董邦达[②]

宝軨雕弧罢讲蒐，六龙回跸引途修。
千行灌水萦旗首，一路仙云簇马头。
揽辔共知循旧径，看山又是近深秋。
鹓行扈从重经过，回望林峦万叠稠。

恭和圣制出崖口元韵

〔清〕刘统勋[③]

讲武连旬举大蒐，六飞亲涉道途修。
已陈虎旅行松漠，竞拥龙旗渡索头。
此地诸藩争送辇，古来长堑笑防秋。
躬桓济济陪嘉宴，取次金樽湛露稠。

---

① 索绰络·观保，字伯容，号补亭，满洲旗人。乾隆二年（1737）进士，改庶吉士，授编修，累官礼部尚书，罢再起，授左都御史。谥号文恭。

② 董邦达（1699—1769），清浙江富阳人，字孚存，一字非闻，号东山。雍正进士，授翰林院编修。乾隆十二年（1747）命值南书房，擢内阁学士。后历官左都御史，工、礼部尚书。曾与修《明史纲目》《石渠宝笈》《西清古鉴》等书。

③ 刘统勋（1699—1773），清山东诸城人，字延清，号尔钝。雍正进士，授编修。乾隆时累官至东阁大学士兼军机大臣。曾多次察看黄河、运河河工，均能革除积弊。又充《四库全书》正总裁，四任会试正考官。

恭和圣制入崖口元韵

〔清〕刘统勋

崖外谷登场，崖中雉网张。
霜留千树白，日转万峰黄。
驱任前禽去，蹄宁得兔忘。
明朝传大猎，宛马试腾骧。

入崖口随驾行围即事

〔清〕索绰络·英和①

无数好山屹相向，旷如奥如不一状。
牛毛虎皮谁所皴，红树丹崖画中望。
崖端百道泻飞泉，吹以天风势奇宕。
丰草有香复有脂，驽马长嘶亦声壮。
横腰羽箭催霜蹄，风疾沙平试一放。
天开福地降山灵，长杨上林尽虚妄。
圣人多能本天纵，发矢叠双必精当。
徒御不惊庖不盈，诸藩泥首拜毡帐。

和圣制罢猎出崖口元韵

〔清〕汪由敦②

归程经谷口，猎骑散千群。
气尚从公壮，情缘拜赐欣。
怀柔先烈远，缵述圣心殷。
一读丰碑句，乾坤焕大文。

---

① 索绰络·英和（1771—1840），初名石桐，字树琴，一字定圃，号煦斋，满洲正白旗人。清朝大臣、书法家。工诗文，善书法，著有《恩福堂诗集笔记》《恩庆堂集》《卜魁集纪略》等。

② 汪由敦（1692—1758），清安徽休宁人，字师茗，号谨堂，又号松泉居士。清雍正进士。乾隆初迁内阁学士。后累官至吏部尚书、军机大臣。充《平定金川方略》副总裁，任《平定准噶尔方略》总裁。善书法，有《时晴斋法帖》传世。著有《松泉诗文集》。

◉ 传说故事

东庙宫的传说

在围场满族蒙古族自治县境的最南端，承围公路西侧不远，有一道状似卧龙的山岭。岭下有一处古松环绕、红墙灰瓦的院落格外引人注目，这就是嘉庆皇帝敕建的东庙宫。

提起东庙宫，人们对它总是有一种神秘和不解。为什么呢？民间一般都认为“庙”是神灵栖息之地，“宫”是人的起居之所，“庙”和“宫”合在一起，古今中外还从来没听说过。

所以说，这东庙宫的由来就更是神乎其神。有传说是皇家修建，有传说是民间所为。可是，若皇家修建，为何没有记载？若民间所为，庙又怎么可能和皇上的行宫合并一处？但是，清朝的皇帝每次到木兰围场，必亲临拈香祭拜，歇脚休息。这究竟是怎么回事呢？原来这里有着一段甚是神奇的故事。

某年初秋，康熙皇帝带领随臣侍卫到木兰围场狩猎，行至今塞罕坝机械林场四旗拨营林区附近的三星潭时，突然乌云密布，电闪雷鸣，下起雨来。

康熙急于赶路，可是不管如何催促，胯下的龙驹只是咴咴乱叫，说啥也不往前走了。

大臣见此情景，参奏道：“皇上，这雨怕是越下越大呢！您看，皇上的龙驹也怕让雨浇着皇上，怜惜万岁爷的龙体，故而不肯前行。不如稍歇片刻，等雨停了再走吧！”

康熙看了看天，知道这雨一时半刻停不下来，便答应暂且安营休息。

皇帝的帐篷很快搭好了，康熙走进帐篷，刚刚在龙椅上坐下，突然不知从哪儿钻出一只大蟾，吓了他一跳。他定了定神，仔细一看，竟是一只浑身金黄的蟾，足有小簸箕那么大，而且只有三条腿。他刚要喊侍卫，谁知那巨蟾竟蹦跳着向他扑来。他大惊失色，急忙起身向帐外逃去。

帐外的两名侍卫听到帐内有响声，也赶忙进入帐内。康熙大叫：“快！拦住它！”随即冲到了帐外。

就在这时，随着一道闪电的落地，震耳的雷声在身后炸响。

康熙回头一看，帐篷已被雷劈得粉碎，烈火熊熊，浓烟滚滚。那两名侍卫已葬身其

东庙宫内关于《东庙宫的传说》的壁画

中，巨蟾也不知所踪了。

闻声而至的文武大臣和侍卫们看到此情形，也都惊愕得半天合不拢嘴巴。待醒过神来，赶忙再支帐篷请康熙入帐休息。

康熙惊魂稍定，心中暗暗思忖：真险啊！若不是这巨蟾将朕赶到帐外，后果不堪设想啊！

身边的一名大臣看到康熙若有所思，知道他正在为此事迷惑，便试探地参奏道："皇上，想那蟾通体金黄，且为三足，想必不是俗物，必是特来护佑您的龙体，居功至伟啊！"

康熙点头道："是啊，它救驾有功，朕该如何表示谢意呢？"

大臣想了想说："皇上，您可以给它个封号啊！还有……那两个侍卫……"

康熙思忖片刻说："好，就封它为塞北佛吧。它既可保佑朕，想必也可保佑这一带风调雨顺，保佑朕围猎万事顺利。那两名侍卫也是为朕而死，当然也是功不可没，就封他们为四品侍卫，侍奉塞北佛吧。"他又稍稍思索了一下说："还有，这塞北佛与朕有缘，朕就与它结为兄弟吧。"

话音刚落，帐内竟突然明亮了许多。康熙向帐外一看，竟然已经云收雨散，晴空万里。

皇上的金口玉言自然不容有误，既然给了三足金蟾封号，便下旨在此地修建了一座小石庙。

小石庙由 13 块削磨见方的石头砌成，庙门两旁镂刻一副对联，上联是“清得道千秋不朽”，下联是“塞北佛万古流芳”，横批是“英灵千古”。在庙前立一座石碑，以记其事。因为塞北佛很灵验，后来，人们也把它称为“塞北灵验佛”，把小庙称为“塞北佛石庙”，又由于此庙建在当时被称为兴安大岭的塞罕坝上，“塞北佛”便又称为“兴安大岭神”，其庙又叫“塞罕佛庙”。

此后，康熙、乾隆每次到木兰围场时，都要派王公和喇嘛先期前往塞罕坝祭祀塞北佛。后来，还在行围打猎时把塞北佛的牌位随军供奉，以求山神的佑护。

到了嘉庆年间，嘉庆皇帝总觉得这个塞北佛小石庙太过简陋，也太寒酸，又孤零零的建在荒无人烟的高原上，在木兰围场行围并不能每次都到这里，年年祭拜很不方便。嘉庆十六年（1811），当嘉庆皇帝带领随围队伍又来到伊逊崖口时，随军抬着的塞北佛牌位不停地抖动，似乎不肯再往前去。于是，嘉庆皇帝便下旨在此修建了一座“兴安大岭神祠”，即“敦仁镇远神祠”。“敦仁镇远”的意思就是“山神”。这神祠前有状如巨龙的土山，后依状如飞凤的石山，更有伊逊河水环绕东南，真可谓风水宝地。

由于康熙皇帝有与金蟾“结为兄弟”之语，这塞北佛当然与康熙同辈。这样，嘉庆皇帝用来临时休息的宫殿就只能建在庙后了。于是，前殿供奉塞北佛的牌位，后宫供皇帝休息，形成了前“庙”、后“宫”的特殊格局。

后来，人们就把这座宫庙合一的建筑称为“庙宫”。又因为在它西面的隆化县境内还建有一处“庙宫”，为便于区别，便称隆化的那座叫“西庙宫”，而把这座庙宇称为“东庙宫”。

一龙一凤护庙宫

东庙宫的地理形势很特殊，它两面临水，两面靠山。站在东庙宫前开阔的平甸举目四望，伊逊河从东到南，弯弯曲曲地环绕于东庙宫的东、南两侧；西山从西蜿蜒至北，环绕于东庙宫的西、北两面。伊逊河九曲十八弯，颇像一条张牙舞爪的“水龙”；西山石峰如翅、石仞如冠，很像一只展翅欲飞的凤凰。

关于这条“水龙”和这只“凤凰”，流传着这样一个传说。

清乾隆末期，东崖口外的一个山坳里住着一家猎户，男主人渔猎，女主人耕织，日子过得很安稳。

一年冬天，眼看又要过年了，妻子正怀有身孕，男主人更加频繁地入山打猎。这一天傍晚，他打了一只狍子刚刚回到家，门外来了一个衣衫褴褛的老人。夫妻二人很是奇怪，这荒山野岭人家稀少，很少有人来到这里，这老人怎么到这里来了呢？但又不好细问，反正老人家来了，请到屋里坐吧。二人便把老人请进来，坐在烧得暖暖的土炕上。

不一会儿，女主人就端上来一大盘炒狍子肉和几个玉米面饼。老人也不客气，狼吞虎咽地吃了个精光。夫妻二人留他住下，他说什么也不住，一边说着“不远，不远”，一边下了炕，看了一眼怀孕的女主人，便头也不回地出了门。走到院子里时，似乎自言自语地说道：“龙凤非凡物，八岁向西山。神仙洞中修，十八作天官。”声音虽小，可夫妻二人却听得真真切切。

老人走后，夫妻二人吃了饭便收拾好屋子睡觉休息。可二人竟怎么也不能入睡，总是想着老人念的那首打油诗。什么意思呢？二人没有文化，不解其意。

一转眼，孩子出生了，竟是一男一女双胞胎。这一天晚上，夫妻二人又无法入睡了。先是兴奋，然后就又想起了那首打油诗。琢磨到半夜，二人似乎悟出一点眉目——莫非那“龙凤”指的就是这一儿一女？人们都说生一男一女是“龙凤胎”啊！那下面的诗句又是什么意思呢？早就听说山坳外面的西山上有个神仙洞，洞里住着一位神仙，莫非那老人就是那位神仙？

又一转眼，一双儿女已经八岁了。这两个孩子长得身强力壮，总是喜欢打打闹闹，天天拿着木棍互相“厮杀”，天天吵着要跟父亲上山打猎。

不幸的是，这一年夏天，夫妻二人路过伊逊河，正赶上洪水，双双淹死了。

可怜在家等着父母回来的一儿一女，左等右等却再也等不回来他们的亲人了。这时，先前来过的那位老人来了，领走了两个可爱的孩子。夫妻二人猜得没错，这老人正是住在西山神仙洞里的那位神仙。

这神仙带着两个孩子，白天教他们习武，晚上教他们认字。他给两个孩子还取了名字，男孩叫小龙，女孩叫小凤。小龙和小凤也聪明伶俐，学什么像什么。孩子一天天长大，练就了一身好功夫，闪转腾挪，飞檐走壁，浑身是胆，正气凛然。

又一转眼，小龙和小凤已经十八岁了。这一年，恰是嘉庆皇帝敕建东庙宫的那一年。神仙洞离东庙宫不远，他们每天都可以远远地看着人们一砖一瓦地修建东庙宫。可是人们并不知道他们的存在，神仙总是带着他们躲在远处练功。

东庙宫全部建好的时候正是夏天，正是一年一度洪水泛滥的季节。说来也怪，这一年，伊逊河却风平浪静，眼看夏天就要过去了，竟没有发过一次洪水。

这一天晚上，已经长成小伙子和大姑娘的小龙、小凤正在练字，神仙把他们叫到身边说："我就要走了。有些事也该让你们知道了，你们要好好听着。"

小龙和小凤不知道发生了什么事，问道："您上哪里去啊？"

神仙笑了笑，说："你们不必问我去哪里，以后自会知道。"又郑重其事地说："你们长大了，有些事就要靠你们去做了。你们知道吗？那伊逊河里有一个水怪，年年夏天发洪水，你们的父母就是死在它的手上。"

"啊？"小龙和小凤大吃一惊，眼里噙满泪水，牙齿咬得咯咯响。

神仙又说："今年没发大水，是因为修了这东庙宫。东庙宫的宫顶上有一颗'避尘珠'，是一个罕见的宝贝。那伊逊河里的水怪一定会去抢这颗'避尘珠'，守庙的人一定打不过它，这个害人的东西就靠你们去铲除了。"

小龙和小凤一听，立刻摩拳擦掌，说："孩儿遵命！不过，那水怪什么时候去抢'避尘珠'呢？"

神仙说："你们不必着急，十天后修建东庙宫的人就全部撤走了，只剩下一些守卫的官兵。那时候，水怪一定会在晚上动手。"他顿了顿，又说："那水怪不是容易对付的，我给你们俩都准备了兵器。小龙，你善于使剑，我给你准备的是一把蛇形剑；小凤，你善于使双刀，我给你准备的是两把月牙弯刀。"

"多谢师傅！"小龙和小凤抱拳施礼。

"不过……"神仙欲言又止。

"师傅您说吧，我们一定手刃仇敌，为民除害！"小龙和小凤满怀信心地说道。

"孩子们，你们千万不要轻视那水怪，即便是你们用尽了全力，也很难制服它。恐怕……恐怕你们还要搭上性命啊！"

小龙和小凤不禁浑身一震："就算搭上性命，我们也在所不惜！"

神仙点点头："好孩子，你们的功力是不能和那水怪相比的，毕竟你们还是凡人，要想战胜它，只有一个办法。"

"什么办法？"小龙和小凤急不可待。

神仙的语调有些沉重："你们只有先战死一人，血溅水怪，方可消除它一半的功力。在第一人临死之时，你们二人手足相抵，将功力集于一人身上，方可杀死水怪。记住，一定要砍掉它头上的全部犄角，方能使它灰飞烟灭。”

“您放心吧，孩儿记住了！”小龙和小凤互相看了看，兄妹俩眼里都噙满泪水，目光中充满了视死如归的信念。神仙说完，飘然而去。

十天后的一个傍晚，小龙和小凤来到东庙宫外等着水怪的出现。

夜半时分，只听伊逊河里一声巨响，那水怪驾着一股黑风向东庙宫直扑而来。借着朦胧的月光，只见它大眼如铃，巨口如盆，头上长有十余根尖尖的大角，手中提一把闪闪发光的大刀。

小龙和小凤四目一对，立刻腾身跃起，直迎那水怪。水怪忽见有人拦住去路，挥刀向二人扑来。刀剑相磕，火星四射；狂呼大喊，声震云天。闻声而出的守庙官兵见到这一情景，吓得四处躲藏，瑟瑟发抖。

双方从西打到东，又从东打到西。小龙和小凤虽配合默契，也使尽了全力，但丝毫占不了上风，只是勉强战平。

战到伊逊河边时，小龙和小凤互相对视了一眼。当小凤全力扑击水怪上半身的时候，小龙看准时机，飞身直扑水怪下身。这拼死一搏的举动大出水怪意料之外，急抽身后退，同时用刀横挡。但小龙的动作实在太快，一把蛇形剑已经刺入它的小腿，而水怪的大刀也深深地戳进了小龙的前胸，鲜血喷溅在水怪的身上和手上。水怪大叫一声，后退二十丈方才站稳，水怪失去了一半功力。

小龙倒下了。小凤悲伤地扑过来，抱着哥哥鲜血淋漓的身体泪如雨下。

“快！小凤，快……”小龙使尽最后一点力量，拉住妹妹的双手，并用双脚抵住妹妹的双脚……随后，咽下了最后一口气。

小凤强忍悲痛，站起身来，两眼喷火似的怒视着水怪，她浑身充满了力量，感觉一股强大的气流似乎就要从身体里喷涌而出。她大喊一声，挥动双刀向水怪扑去。负伤的水怪“哇哇”乱叫着，挥刀也向小凤砍来。双方又从西打到东，从东打到西。这一战直打到三更时分，打得天昏地暗、星月无光。当再次打到西山顶上的时候，水怪已经明显不支，小凤也已经精疲力竭。

“哥哥，等着我！我一定要为民除害！”小凤在心里默默地发誓，暗暗提了一口气，再次冲向水怪。双刀挥舞中，水怪的前胸、脖颈相继受到重创，而小凤也已经伤痕累累，血染征衣。再战，小凤拼死将双刀戳进了水怪的胸膛。水怪闷哼一声倒下，小凤也倒在了血泊之中。

“记住，一定要砍掉它头上的全部犄角，方能使它灰飞烟灭。”神仙的话在几乎昏死过去的小凤耳边响起。她咬了咬牙，拼尽最后的一丝力气站起身来，挥刀砍掉了水怪头上的全部犄角。刹那间，水怪的身体化作了一团烟尘，随风飘散而去。

小凤再也无法支撑，缓缓地倒在了山崖之上。

守庙的官兵们一起来到伊逊河边，恭恭敬敬地就地掩埋了小龙的尸身。又一起来到西山顶上，恭恭敬敬地就地掩埋了小凤的尸身。当他们返回东庙宫时，天已经大亮，一个崭新的早晨已悄然而来。这时，只见东边的天空现出一大片七彩云霞，那神仙站在云霞之中，他的左右分别站着小龙和小凤。正当人们慌忙跪地膜拜之时，那神仙朗朗唱道：“龙男凤女十八年，只为除害降人间。功成还需再守护，英魂化作水与山。”歌声一落，隐身而去。

霎时，伊逊河和庙宫西山水动山摇，顷刻之间变成了今天的模样。

如今，那个神仙洞还依然存在，坐落在庙宫村小窑沟阳坡靠南面的砬㘭下，洞深4～5米，洞高3米左右。据老人们说，东庙宫的“避尘珠”也确实存在，不过，在“文化大革命”时被拆除庙宫的人拿走了，至今不知所踪。

大事纪略

庙宫村没有特别悠久的历史，但在清代木兰围场中由于地理位置特殊，加之山川风物十分优美，被认为是地灵境胜。新中国成立后，庙宫村域内的“两碑一庙”分别被列为全国重点文物保护单位和河北省省级文物保护单位，成为不可多得的重要旅游资源。2014年，庙宫村入选首批“河北省美丽乡村”;2015年被农业部评为“2015年中国最美休闲乡村”，为庙宫村在改革开放中进一步发展掀开了新的一页。

◉ 清代设置木兰围场

康熙二十年（1681），为巩固北方边防，团结北方各少数民族，通过“木兰秋狝”提高满蒙八旗官兵的战斗力，清廷以蒙古王公敬献牧场的名义设置木兰围场。庙宫村一带是木兰围场的东大门，并在此设立“红桩”“木栅”和“柳条边”，作为进入木兰围场的东南部边界。此地名为“伊逊哈巴奇”，汉语意思是“伊逊河东崖口”。

◉ 乾隆皇帝设立《入崖口有作》诗碑

乾隆十六年（1751），乾隆皇帝举行“木兰秋狝”时，作《入崖口有作》诗一首，并在今庙宫村前山立石碑一座，碑上以满文、汉文、蒙古文、藏文4种文字镌刻此诗，阐明岁举秋狝大典以弘扬武事、垂训祖制的意旨，表白自己在继承祖业的基础上开创丰功伟绩的博大胸怀。

◉ 嘉庆皇帝设立《木兰记》碑

嘉庆十二年八月（1807年9月），嘉庆皇帝举行“木兰秋狝”时，作《木兰记》一文，并在今庙宫村西山南段山脚下立石碑一座，碑上以满、汉两种文字镌刻此文。此文简要介绍了木兰围场的面积、风景、物产及其修建的过程，重点强调了建立木兰围场以来其父皇乾隆皇帝通过“木兰秋狝”使内外蒙古诚心感戴、归化向风的重大业绩；阐明自己岁举秋狝大典是遵循本朝家法、国家大纲的重要行动，而且从不因此旷误国家政务，并不是游戏玩乐。文中还强调“木兰秋狝”的家法，后世子孙必须永远遵守，不可忽视。

◉ 嘉庆皇帝敕建“兴安大岭神祠”

嘉庆十六年九月初三（1811年10月19日），嘉庆皇帝举行“木兰秋狝”从木兰围场回銮时驻跸位于今庙宫水库一带的“伊逊东御营”。第二天，下旨在木兰东哨门内修建“兴安大岭神祠”，并规定每年秋狝时经过此处，一定要亲自到该祠拈香祭拜。从西崖口进哨举行秋狝的年份，礼部要派员前来致祭。从此，每次“木兰秋狝”时致祭“兴安大岭神祠”便成为定制。此祠建成后，正门题额“敕建敦仁镇远神祠”。因是国内独特的宫庙合一建筑，所以俗称“庙宫”。6年后，嘉庆皇帝又在今隆化县域内修建了“协议昭灵神祠”，即“西庙宫”，所以，此祠又称“东庙宫”。

◉ 2006年庙宫水库被评为国家水利风景区

2006年，按照水利部“科学、合理利用水利风景资源，保护水资源和生态环境，加强对水利风景区的建设、管理和保护，改善人居环境，拉动区域经济发展，使每一个水库都是一处风景区”的总体要求，本着生态园林分区设置、水域山场功能配套、水环境和生态环境和谐优美、资源保护可持续利用的原则，全面开展水利风景区建设，总计规划建设人文历史古迹区、水上游乐区、特色果品采摘区、宾馆接待区、园林区、垂钓区6个功能分区。年内，共建设悦心园、休闲观赏园、采摘园，建设漂流河道6.8千米。同年8月，庙宫水库通过水利部水利风景区评审委员会评审，

东庙宫的香炉青铜兽（2016 年） 侯延广 摄

入选第六批国家水利风景区。

◉ 2011 年在庙宫村拍摄数字电影《承德好人》

2011 年 11 月 20 日至 12 月 1 日，由诗慧鼎言文化传媒（北京）有限公司拍摄的数字电影《承德好人》在庙宫村圆满完成前期拍摄。该片根据河北省十佳道德模范、围场育太和乡小学教师张国富“捡个亲娘养五年”的真人真事改编。

◉ 2013 年“两碑”被列为全国重点文物保护单位

1982 年，位于庙宫村域内的《入崖口有作》诗碑、《木兰记》碑和东庙宫，被河北省人民政府列为省级文物保护单位。2013 年 5 月 3 日，国务院印发《关于核定并公布第七批全国重点文物保护单位的通知》，核定公布了第七批全国重点文物保护单位，《入崖口有作》诗碑、《木兰记》碑被列为全国重点文物保护单位。

◉ 2014 年庙宫村上榜首批“河北省美丽乡村”

2013 年，庙宫村投入资金 200 余万元，绘制文化墙 300 平方米，安装路灯 30 盏，架设竹艺围栏 4000 延长米，栽植油松 560 株，花草 2000 平方米，种植果树 1200 株，村庄绿化率达到 40%。同时，依托域内庙宫水库、东庙宫等景点景观，重点打造以赏花、摄影、采摘、漂流为主的生态旅游产业链，年接待游客 5 万余人次，实现旅游收入 250 余万元。2014 年 2 月，庙宫村入选首批“河北省美丽乡村”。

◉ 2015 年庙宫村上榜“中国最美休闲乡村”

2010 年以来，庙宫村紧紧抓住围场首批新民居建设、全县农村面貌改造提升等重要契机，累计争取投资 1000 多万元，全力实施村庄环境卫生整治工程、公共服务设施提升工程和新民居建设工程。通过项目实施带动林果、旅游等产业的上档升级，提升了村域经济、提高了群众幸福指数，打造了一个干净整洁、花红草绿、宜居宜业的美丽乡村。2015 年 9 月，庙宫村入选“2015 年河北最美休闲乡村”，其果园景观入选“2015 年河北美丽田园”。同年 10 月，庙宫村上榜农业部“2015 年中国最美休闲乡村”名单。

进入木兰围场的牌楼（正面）　　侯延广　摄

进入木兰围场的牌楼（背面）　　侯延广　摄

附录

庙宫村人的先辈经历过“木兰秋狝”期间偷打野兽的惩处，也经历过日伪“集家并村”的虐待和凌辱。这些深刻的记忆，使庙宫村人对社会主义的新生活倍加珍惜。

新中国成立以来，几代庙宫村人在中国共产党的领导下艰苦奋斗，村域经济、村民生活、村容村貌都发生了深刻变化。特别是改革开放后，庙宫村进入了高速发展的新时期，实现了从贫穷落后到繁荣富裕的新飞跃。这些成绩和荣誉，是激励庙宫村人在中国特色社会主义道路上继续奋发前行的巨大动力。

◉ 庙宫口述

庙宫水库修建时的移民

采访时间：2017 年 5 月 22 日

采访地点：王自修家

口述人：王自修

整理人：孙兆岭

1959 年 11 月，庙宫水库正式开始修建。当时，居住在“四河台子”的庙宫村村民均属于大石门村第五居民组，是第一批移民户。需要搬迁的，还有周边的乌苏沟大队和哈字大队的村民，总计 300 多户。县委、四合永公社党委和水库建设指挥部党委专门成立了迁建工作领导小组，进行移民动员工作。许多村民对移民迁建工作并不理解，本来生活就不富裕，更不愿意放弃自己的房子和土地。经过反复的宣传和动员，村民认识到修建水库是为了减少水患，变水害为水利，还可以发电，是利民的好事，大多数人很快就想通了，也明白了国家水利建设的重要性。

真正到搬迁的时候，大伙儿心里还是有点心酸，毕竟是自己住了多年的房子，心里都不好受。迁建工作采取自找去处和组织安排两种办法。有亲友的投亲靠友，无亲无友的，由组织出面协商有多余房子的村民，统一安排。为了使迁建工作不耽误秋收，上级部门要求每个大队都留下一部分壮劳力打场，其他村民帮助各家各户搬家。修建水库运送物资的70余辆卡车，往返时顺便帮迁建户搬家。自12月5—13日，只用了7天的时间，第一批移民工作基本完成，共迁出251户。到1960年5月，其余54户迁移户全部迁出，至此，庙宫水库的移民工作圆满结束。

那时候，搬迁也不讲什么补偿不补偿，在老百姓心里，国家建设是第一位的，个人受了损失当然也心疼，但是谁也没有怨言。这些年，每次听到有人说庙宫水库移民对国家是有贡献的，庙宫村村民都觉得很骄傲。

我做果品经纪人

采访时间：2017年5月8日

采访地点：庙宫村委会会议室

口述人：王虎

整理人：宋国峰

2002年，庙宫村启动退耕还果工程，当年全村退耕还果土地达443.5亩，栽植的果树品种多数为金红苹果、香果，以及黄太平、红太平（俗称小苹果、沙果）和大扁杏。4年后，村民栽植的果树进入初果期，尝到自己种出的果实，村民们很是高兴。可是，随着果品产量的增加，销售成了大问题。村民们看到结出的果品卖不出去，心里都很着急。

2006年，我开始主动联系外地客商前来收购，村民们第一次有了果品收入，都很兴奋。但由于村里没有收购站，也没有经纪人，果品销售仍是一个急需解决的大问题。2008年，我从二道沟村果品经纪人那里学习收购果品的经验，并不断接触外地客商，让他们了解村里果品的情况，还在村里设立了果品收购站，成了村里第一个果品经纪人。那时，我一心只想着帮助村民把果品都卖出去，有个稳定的收益。

为了使果品达到无公害标准，2011 年 8 月，我牵头组织并在县工商局注册，成立了我们村首个果品合作社，取名叫“围场满族蒙古族自治县庙宫岁丰果品专业合作社”，首批入社社员 12 户，出资方式是以果树作价入社。合作社成立后，统一组织果农开展技术培训，统一包装，统一销售，推广使用有机肥，推广新的果树品种。当年，由合作社牵头组织销售果品近 500 吨，进一步打开了销售渠道，有力地促进了全村果品经济的发展。2012 年以来，全村果树面积增加到 1295 亩。在合作社的统一管理和指导下，果品质量也有了很大的提升，得到了商家的认可。果品远销北京、天津、广州、上海、湖南、湖北、海南等省市，并出口到越南，实现了果品经销商对果品质量满意、果农对果品效益满意的“双赢”。

我的“农家游”发展之路

采访时间：2017 年 5 月 15 日

采访地点：燕军农家庄园

口述人：李艳军

整理人：刘利杰

2003 年，我将公司 37 名员工带回庙宫村游玩，就在自家小院里吃住。几天下来，看到大家对乡村的美景流连忘返，对农家的饭菜赞不绝口，便萌生了发展“农家游”的想法。第二年，我毅然辞去工作回到家乡，将自家的楼房进行改造，办起了围场县第一家“农家游”。

2005 年，我的“农家游”迎来了第一批客人——一个来自北京的旅游团。由于当时规模小，服务设施不全，整体接待水平不高，游客并不满意，但县委、县政府对我的“农家游”还是给予充分的肯定，并资助我 3000 元乡村旅游发展奖励金。攥着这笔钱，我心里既高兴又觉得压力很大。我想，县里这样支持我，既然走上这条路，就一定要干出样子来。于是，我先后到县内外经营好的“农家游”参观学习，又找专业人员咨询论证，最终决定修建农家庄园。

2006 年，在县委和帮扶单位的大力支持下，我建成了最初的燕军农家庄园。庄园总投资 120 万元，占地面积 11.5 亩，内设蒙古包 12 个、彩钢客房 11 个，还有会议室和餐厅，并推出了满族二八席特色餐饮，庄园接待能力和水平得到了整体提升。2009 年，我再次投资 580 万元，建起了庄园综合楼和水上餐厅。到 2010 年，燕军农家庄园已经具备接待大型旅游团的能力，被承德市旅游局评定为全市第一家“五星级乡村酒店”。2015 年，我又注册成立了围场满族蒙古族自治县塔里雅图旅游服务有限公司，投资 5800 万元，开发了伊逊哈巴奇围场庙宫庄园项目，还建起了庙宫庄园烧酒坊，采用东北优质黄米和传统酿酒工艺，生产纯粮食烧酒，受到了游客的好评，为庄园增收开辟了新的渠道。

庙宫村第一任党支部书记

采访时间：2017 年 4 月 11 日

采访地点：张会军家

口述人：张会军

整理人：宋国峰

我父亲张荣是庙宫村第一个中共党员，也是村里第一任党支部书记。

1920 年 3 月 13 日，我父亲出生在庙宫一个贫苦的农民家庭。抗日战争后期，党的地下工作人员经常在庙宫一带活动，经过庙宫时就住在我们家。他们向父亲讲述全国的抗战形势，争取他为党组织工作。1947 年，我父亲加入了中国共产党，成为庙宫村第一个中共党员，也是唯一一名中共党员。入党后，他积极为党工作，为党的地下工作人员安排食宿、传递情报，支援解放军上前线，帮解放军背弹药。

1958 年，我父亲被四合永区选去筹建八一厂，他认真完成了党和政府交办的工作。1959 年，庙宫水库动工兴建，为了家乡的建设，他又回到村里，担任庙宫村第一任党支部书记。在十多年的支部书记工作中，他带领乡亲们筑坝造田，修渠种水稻，修梯田，植树造林，开设玉米面加工厂、油坊等，改变了村里贫穷落后的面貌，使庙宫村成为当时十里八乡最富裕的村。

我家的生活变化

采访时间：2017 年 4 月 11 日

采访地点：庙宫村委会会议室

口述人：李卫国

整理人：宋国峰

新中国成立前，我家是庙宫一带最穷的人家之一。那时，我们家住在“四河台子”后小沟，一家 9 口人，住在两个破马架里，经常吃了上顿没下顿。1940 年，我爷爷病故，我父亲才 18 岁，一家人在庙宫实在无法生活下去，便逃荒到了围场县大唤起乡二十三号。在那里，生活依旧穷困潦倒，饥寒交迫。1945 年，在大唤起再次陷入无法生活的困境，我父亲只好带着一家人回到庙宫，投奔他的姑姑。1947 年，围场第二次解放，实行土地改革，我们家分得了土地，生活有了转机，日子一天比一天好起来。父亲先在生产队当队长，1961 年又当上了大队长。他和乡亲们一起战天斗地，靠劳动改变生产条件，靠劳动提高生活水平。现在，我们家不仅栽种果树，种植庄稼，还从事建材批发，年收入近 10 万元。家里不仅有了电视机、洗衣机、电冰箱、冰柜、电脑、电饭锅、微波炉等家用电器，还买了小汽车，新翻盖了住房，宽敞明亮。工作之余，一家人看电视、玩电脑、上网聊天，其乐融融。在村里，我们一家是新旧社会变化最大、最典型的家庭之一。我感到，我们现在生活得非常幸福，和父辈们相比，真是上了天堂。

◉ 村规民约

村规民约（1991 年）

一、热爱祖国，热爱中国共产党，热爱集体，学法知法，遵纪守法，同一切违法犯罪行为作斗争。

二、爱护公共财物，不得损坏水利、交通、通讯（信）、供电、供水、生产、休闲场所等公共设施，未经批准，不私自安装用水用电设施，节约用水用电，严禁偷水偷电，发现违规人和事，要积极制止并及时向村委会报告。

三、团结友爱，相互尊重，相互理解，相互帮助，和睦相处，不打架斗殴，不诽谤他人，不造谣惑众，不拨弄是非，不仗势欺人，建立良好的邻里关系。

四、提倡社会主义精神文明，移风易俗，不搞宗族派性，反对家族主义，反对封建迷信及其他不文明行为，树立良好的社会风尚。

五、搞好公共卫生和村容整洁，做到人畜分离，垃圾不乱倒，粪土不乱堆，污水不乱流，柴草不乱放，房前屋后不积水，檐沟处处要疏通。

六、严禁私自砍伐国家、集体或他人的林木，不准在村附近或田边路旁乱挖土，严禁损害庄稼、瓜果及其他作物。

七、自觉维护道路畅通，不准在村道、主道边搭建违章建筑，堆放废土、乱石、杂物，不准在路道上乱挖排水沟，不准在路肩上种植作物，侵占路面。

八、计划生育，晚婚晚育，优生优育，男女平等，尊老爱幼。

九、红白喜事由红白喜事理事会管理，喜事新办，丧事从俭，破除陈规旧俗，反对铺张浪费、反对大操大办。

十、该公约从 1991 年 3 月 1 日起实施。

村规民约（2010 年）

为切实做好本村环境整治工作，有效地改善村容村貌，提高村民生活质量，优化人居环境，根据本村实际情况，经村民代表大会讨论通过，制定本村庄环境整治“村规民约”，请全体村民共同监督遵守。

一、凡居住在本村庄内的全体人员都有责任和义务执行本村村规民约。

二、积极参加卫生活动，参与和支持农村环境卫生改造，养成良好卫生习惯。

三、落实门前“三包”（包卫生、包秩序、包绿化）责任制，生活垃圾定点存放，杜绝垃圾乱扔，粪便乱排，柴草杂物等乱堆、乱放现象。

四、确保村内道路、道路两侧和公共场所卫生整洁，无粪堆粪坑，无散养牲畜，无私搭乱建现象，无柴草、垃圾，保证道路畅通。

五、保持河道清洁，不得将垃圾、农药瓶和农田杂草等一切杂物倒入河道。

六、自觉维护村内绿化地段的树木，不乱砍乱伐树木，保持绿化地段无杂物，无杂草，无垃圾，确保树木生长旺盛。

七、严禁焚烧秸秆，村民有义务进行监督举报，对违反规定的给予相应处罚。

八、自觉维护好村内公共设施的完好性，不得随意破坏。

九、村委会定期进行卫生评比，并把评比结果在公示栏上公布。

十、本村规民约自 2010 年 9 月 10 日起实施。

村规民约（2013 年）

一、环境管护

1. 街道、巷道是集体所有，村民共享的公共场所，任何人不得私自侵占街面、巷道，乱搭乱建。

2. 每位村民要自觉维护美丽乡村建设成果，保持自家门前及房前屋后的卫生清洁，严禁在街道泼洒污水、倾倒垃圾、堆放物料。

3. 村委会长期聘请 4 名保洁员对垃圾定时清理，并对街道进行清扫。

4. 村委会负责督导检查各家各户及主要公共场所卫生情况，每周一次，并进行评比公示。

5. 结合环境卫生检查，村委会适时开展“最美庭院”“孝子家庭”“和谐家庭”评选活动，并挂牌示范。

6. 在环境卫生管护工作中，对不遵守社会公德、阻挠村庄环境卫生整治的村民，视情节轻重给予批评教育、通报批评，并在本年度内不得作为优惠政策享受对象进行上报。

二、古迹保护

1. 本村现有“东庙宫”古建、《入崖口有作》诗碑、《木兰记》碑 3 处历史文化古迹，全体村民要牢固树立文物保护意识，自觉抵制各类破坏古迹的行为。

2. 村民不得自行在“东庙宫”古建保护范围内以及“两碑”周边进行爆破、钻探、挖掘作业和其他工程建设。

3. 禁止在“东庙宫”古建保护范围内举办灯会、篝火晚会，不得燃放烟花爆竹和孔明灯。

4. 不得在古建及古树上乱写乱画乱刻，自觉维护古建周边环境卫生和花草生长，主动充当文物保护的宣传员和监督员。

5. 村民发现有危及古迹安全的险情时，应及时向村委会和乡综合文化站报告，有条件的可以采取制止措施。

三、社会治安

1. 每位村民都要学法、知法、守法，积极同一切违法犯罪行为作斗争。

2. 村民之间应团结友爱，和睦相处，不打架斗殴，不酗酒滋事。

3. 自觉保护农家书屋、文化广场等公共娱乐设施，爱护公共财产。

4. 邻里纠纷要本着团结友爱的原则平等协商解决，协商不成的可申请村调解委员会调解，坚决杜绝上访事件发生。

5. 村民要主动支持企业发展，帮助外地游客，共同营造良好的经济发展环境。

四、村风民俗

1. 提倡社会主义精神文明，反对封建迷信及其他不文明行为，树立良好的民风、村风。

2. 在日常生产生活中，村民之间要互尊、互爱、互助，建立和谐的邻里关系。

3. 父母应尽抚养、教育未成年子女的义务，子女应尽赡养老人的义务。

4. 村内红白喜事由红白喜事理事会管理，喜事新办，丧事从俭，反对铺张浪费和大操大办。

5. 不搞封建迷信活动，不参加邪教组织。

五、本村规民约自 2013 年 6 月 15 日起实施。

村规民约（2015 年）

为进一步推进村级民主政治建设，树立良好的村风民风，全面建设社会主义新农村，根据《中华人民共和国村民委员会组织法》等法规，经村民会议通过，特制定本村规民约。

第一章　总则

第一条　全体村民应学习党的路线、方针、政策，关心新农村建设事业。自觉接受国家法律、法规和社会主义荣辱观及公民基本道德的教育，积极参加文化知识和专业技能培训，争做遵规守法、诚实守信的合格公民和勤劳致富、科技致富的新型农民。

第二条　热爱家乡，热爱集体，积极支持和配合乡党委、政府涉及农业、农村、农民的工作，自觉执行村党支部、村委会和村民代表会议的有关决定、决议和规定。

第二章　土地林地管理

第三条　自觉保护耕地，不荒废耕地。不侵占、买卖或者以其他形式非法转让土地。

第四条　未经相关部门批准，不私建房屋、圈舍等基础设施。

第五条　不擅自改变承包地用途，未经相关部门批准不擅自在自留地、承包地挖塘、挖砂、取土等改变土地使用用途。

第六条　不擅自对承包地进行土地流转，若政策允许确需调整的，必须符合乡、村的统一规划。

第七条　凡是国家招商引资和公益事业建设、产业化调整等实施的土地流转，坚持个人服从集体、少数服从多数、集体服从国家的原则，农户获得公共补偿。若遇承包土地被征收时，各农户应积极配合完成相关征收土地工作。

第八条　不盗伐国家、集体、他人的林木和损毁政府明令保护的珍稀树木。砍伐承包经营的山林，必须依法办理相关手续，严格按照审批的数量范围伐木，及时补种树苗，积极植树造林，绿化环境。

第三章　环境卫生

第九条　自觉维护村内环境，不得损毁村内公共指示标志、有线电视广播线路、道路、桥涵、休闲广场、路灯等公共设施。不得损毁排灌水渠、花木草坪、办公物品、村内公开栏、自来水主管等集体设施、集体财物。

第十条　建立村环境卫生长效机制，搞好公共卫生和村容整洁，组建环境卫生清洁队伍，在传统节日期间组织党员、代表义务对村内环境卫生集中清理。农户门前院内要保持清洁，不随地吐痰，不乱扔垃圾，清除暴露垃圾，清理卫生死角，清除废弃堆积物，将生活垃圾和建筑垃圾进行分类处理。每年评选一次最美庭院农户，并实施流动挂牌。

第十一条　为保护街道畅通，不随意在村道上晾晒农作物和其他物品，道路两侧不得长期堆放沙、砖、石等建筑材料，对于实施建筑的农户必须向村委会交500元垃圾清运保证金，清理完毕，经村委会验收合格，给予退回保证金。不挤街占道，私搭乱建；不乱摆乱卖，乱停乱放。不将柴草堆放在村内街道两侧及公共场所。

第十二条　村委会对村内垃圾实行定点倾倒、掩埋。对于死禽、死畜要挖坑深埋，作无害化处理。发现多数家禽家畜得病，要及时向村委会报告，以防发生大面积的疫情。猪圈、牛栏、厕所要勤清理，以免臭气、脏水污染环境。对于建筑垃圾由本户负责倾倒指定垃圾场，农户生活垃圾要用塑料袋装好，待垃圾车到时自动投入垃圾车内，不随意将生活垃圾和建筑垃圾倾倒街巷和河道内。对于不按规定执行的，取消当年各种福利待遇。

第十三条　不在集体和农户房屋外墙乱贴乱涂广告。村委会和村民有权对张贴小广告的人进行批评，责令其清除小广告。

第十四条　增强文化古迹保护意识，不得随意损坏村内文化古迹，不得将易燃易爆品带入古迹内。

第四章　平安建设

第十五条　大力发扬主人翁精神，积极参与平安村创建活动，积极参加平安志愿者、义工、义务巡逻等群防群治活动，共同维护村庄平安和谐，共享平安建设成果。

第十六条　支持配合和积极参与“网格化管理、组团式服务”，发现安全生产隐患、社会治安问题、食品药品安全隐患、环境污染问题、各类矛盾纠纷以及各种可疑人员、违法犯罪行为，应及时告知网格员、村民小组长或村干部。

第十七条　家庭有易肇事肇祸精神病人、刑释人员、社区服刑人员或误入邪教人员的，要加强教育引导和管理帮扶，发生异常情况及时向村党组织和村民委员会报告，并配合做好相关工作。

第十八条　村民之间应团结友爱，和睦相处，不打架斗殴，不酗酒滋事，不造谣惑众、拨弄是非。

第十九条　主动做好平安宣传，村民之间、家庭成员之间要互相提醒帮助、教育监督，不沾“黄赌毒”，不参与传销活动，不参加邪教组织的活动。不利用迷信活动造谣惑众、骗财骗物。不捏造虚假的事实欺骗群众，引发恐慌。不得诽谤他人、污辱他人人格。

第二十条　自觉遵守流动人口和出租房屋管理规定，不得将房屋出租给违反本村规民约的外来人员。房屋出租人应当在房屋出租之日起 3 日内将房屋出租信息和承租人信息报告村委会。出租人变更或离开的，将变更信息 3 日内报告村委会。不得出租危房。

第二十一条　加强野外用火防范意识，文明上坟祭祀、祭拜寺庙。重视游泳安全，不得在有“禁止游泳”“水深危险”等警示标志区域内游泳。

第二十二条　不违反法定程序上访，不越级上访，不聚众集体上访。不借口煽动群众到机关、学校、企业、事业单位、村民委员会办公地、他人住宅和公共场所起哄闹事、制造事端，扰乱社会治安秩序。

第二十三条　田间、菜地、果园使用农药，应当设立明显的告示。灭鼠灭蟑用药，要放在小孩不宜发现的位置。果园、菜地不乱拉电网。施工拉线接电应由专业电工操作。

第五章　婚姻家庭

第二十四条　遵守婚姻自由、男女平等、一夫一妻、尊老爱幼的原则，建立团结和睦的家庭关系。

第二十五条　自觉遵守计划生育法律、法规、政策，实行计划生育，提倡优生优育，不超生。

第二十六条　尊敬长辈，杜绝虐待、打骂、遗弃等伤害老年人的行为。成年子女必须履行赡养义务。赡养支出不低于本村村民的基本生活水平。

第二十七条　爱护未成年人，重视未成年人的教育。法定监护人对未成年人必须履行抚养义务，并保证他们接受国家规定的义务教育。

第二十八条　男女平等，保护妇女在社会和家庭生活中的合法权益。家庭生活中不歧视女孩子。

第二十九条　破除封建迷信，反对婚嫁、丧葬铺张浪费，提倡勤俭持家、节约办事。

第三十条　严格执行殡葬法规，倡导生态殡葬，不乱葬乱埋。

第三十一条　凡符合服兵役条件的本村青年，都有服兵役的义务，应积极主动参加兵役登记、体检和应征。

第六章　民主管理

第三十二条　凡涉及经济和社会发展的村级重大事项严格按照村级民主治理“4133”工作机制实施。

第三十三条　结合村规民约执行，村委会将每年进行一次评比，评比结果作为相应评选先进典型的重要内容。

第三十四条　违反本村规民约，除触犯法律由有关部门依法处理的，村民委员会可作出予以批评教育、村广播进行通报、责令其恢复原状或作价赔偿、视情况给予经济处罚、取消享受或暂缓享受村组及国家的优惠待遇、本年度不评先进等处置。

第三十五条　凡违反本村规民约要进行处理的，必须在调查核实后，经村民会议（村民代表会议）集体讨论、决定，不得擅自处理。外来人员在本村居住的参照执行本村规民约。

第三十六条　本村规民约有与国家法律、法规、政策相抵触的，按照国家规定执行。

第三十七条　本村规民约发至各家各户，做到家喻户晓。

第七章　附则

第三十八条　本村规民约由村民代表会议讨论通过，具有约束力。

第三十九条　本村规民约由村民委员会负责解释，并负责组织在本村范围内实施。

第四十条　本村规民约根据农村社会、经济发展情况，适时进行修订，经提交村民会议通过之日起施行。

◉ 庙宫村荣誉

2003—2015 年庙宫村获得的荣誉称号一览表

表 2

授奖单位	授予时间	荣誉名称
县委、县政府、县人武部	2003 年	2002 年度先进连队
市委、市政府	2006 年	第二批创建文明生态村工作先进村
县委、县政府	2006 年	文明村
市委、市政府	2008 年	承德市 2006—2007 年文明村
省爱国卫生运动委员会	2009 年	2009 年度河北省卫生村
市委、市政府	2011 年	2010 年度农村新民居建设工作先进村
省委、省政府	2014 年	美丽乡村
省委、省政府	2014 年	2012—2013 年度河北省文明村
县委、县政府	2014 年	2013 年农村面貌改造提升先进示范村
省农业厅	2015 年	河北最美休闲乡村
省农业厅	2015 年	河北美丽田园
农业部	2015 年	中国最美休闲乡村

◉ 主要参考文献

1.〔清〕查美荫、谢霖溥纂修 :《围场厅志》(光绪三十四年本)。

2. 承德民族师范高等专科学校、《承德府志》校点组点校 : 光绪朝重订《承德府志》(校点本),辽宁民族出版社,2006 年。

3. 文平编著 :《木兰围场研究》,九州出版社,2014 年。

4. 张学军主编 :《中国木兰围场史》,民族出版社,2016 年。

5. 崔万民著 :《围场民族文化》,内蒙古人民出版社,2011 年。

6. 文子君著 :《漫话木兰围场》,民族出版社,2000 年。

7. 王友田主编 :《木兰围场——我可爱的家乡》,中国戏剧出版社,2001 年。

8. 杨振国主编 :《围场满族蒙古族自治县志》,辽海出版社,1997 年。

9. 王金生主编 :《围场满族蒙古族自治县志 (1991—2005)》,河北人民出版社,2009 年。

10. 孙兆岭主编 :《围场年鉴 (2011)》,九州出版社,2012 年。

11. 张学军主编 :《木兰围场传说》,中国三峡出版社,2016 年。

◉ 编纂始末

庙宫村的历史虽然不长，但它地处清代木兰围场的东崖口，是清代帝王举行“木兰秋狝”大典的必经之地，康熙、乾隆、嘉庆三位皇帝“木兰秋狝”时曾多次驻跸于此。因此，编写《庙宫村志》具有十分重要的存史价值。

2015 年 9 月，根据中国地方志指导小组办公室（以下简称中指办）、河北省地方志办公室、承德市地方志办公室的指示精神，围场满族蒙古族自治县地方志办公室启动了乡镇村志编纂工作，在全县 37 个乡镇中首批确定了 8 个乡镇、8 个村为试点单位，庙宫村为 8 个试点村之一。2016 年 11 月，《庙宫村志》第一稿基本完成，并申报了中国名村志文化工程。

2017 年 3 月，中指办在上海举办了“中国名村志文化工程篇目论证会暨编纂业务培训班”。经专家论证，《庙宫村志》第一稿的篇目设置、文字内容与《中国名村志丛书》的编纂要求相去甚远。此后，在县委、县政府，四道沟乡党委、政府，庙宫村“两委”班子的大力支持下，我们进一步挖掘资料，开始重新编写《庙宫村志》，仅用两个多月的时间就完成了送审稿。

这部村志由围场县地方志办公室和庙宫村志编纂委员会共同编纂，最后由河北省地方志办公室审定。在编纂过程中，中指办有关领导、专家对篇目的设计进行了反复的指导和修改，河北省地方志办公室、承德市地方志办公室的领导对志书编纂进展十分关注，多次进行指导并审阅书稿。县委宣传部、县档案局（馆）、县农牧局、县文化旅游体育广播电影电视局、县教育局、县电视台、承德市庙宫水库管理处、燕军农家庄园、北京九鼎辉煌旅游发展研究院、猎苑旅游文化有限公司、县文物管理所等多家单位提供了许多有价值的文字和图片资料，县政协文史研究员侯延广不辞劳苦拍摄了大量的图片资料，县档案馆李文新、横河子村党支部书记胡成志、金易农家院王锡柱，以及庙宫村委会王锡民、王虎、何淑华等同志也为本志提供了许多图片和文字资料。同时，本志还使用了刘超、李景田、杜丽华同志的摄影作品。在此，一并致以衷心的感谢！因本书中所选照片及诗词文章众多，部分作品未能在出版前及时联系到著作权人，请著作权人看到后与我们联系，我们将奉上稿酬。

在志书编纂过程中，全体人员坚持尊重历史、求真务实、突出特色的原则，广泛深入地挖掘资料，反复核实，去粗取精，去伪存真，力求编写出思想性、科学性、资料性统一，时代特色和地方特色鲜明，具有较强可读性的新方志。但由于庙宫村历史较短，名人特事十分有限，加之编写时间仓促、水平有限，疏漏错讹之处在所难免，敬请广大读者、专家批评指正。

编　者

2017年6月2日